中国新农村建设资金配置效率研究

龙菊　著

·北京·

图书在版编目（CIP）数据

中国新农村建设资金配置效率研究／龙菊著．

北京：中国经济出版社，2017.12

ISBN 978－7－5136－4998－8

Ⅰ.①中… Ⅱ.①龙… Ⅲ.①农村经济—经济发展—资金管理—研究—中国 Ⅳ.①F321

中国版本图书馆 CIP 数据核字（2017）第 285551 号

责任编辑　严　莉

责任印制　马小宾

封面设计　任燕飞设计室

出版发行　中国经济出版社

印 刷 者　北京建宏印刷有限公司

经 销 者　各地新华书店

开　　本　710mm×1000mm　1/16

印　　张　12.5

字　　数　177 千字

版　　次　2017 年 12 月第 1 版

印　　次　2017 年 12 月第 1 次

定　　价　58.00 元

广告经营许可证　京西工商广字第 8179 号

中国经济出版社 **网址** www.economyph.com **社址** 北京市西城区百万庄北街 3 号 **邮编** 100037

本版图书如存在印装质量问题，请与本社发行中心联系调换（联系电话：010－68330607）

内容提要

本书回顾了中国新农村建设的背景与总体思路，用翔实的数据分析了新农村建设以来2006—2015年10年间中国财政支农资金的运行情况与绩效、金融支农资金的运行情况与绩效，以及新农村建设的总体绩效。在此基础上，利用数据包络分析法（DEA），对中国新农村建设资金的配置效率进行了实证分析。根据数据处理结果，得出以下结论：在中国新农村建设资金的配置中，从规模效率看，只有个别年份有效，其他年份均未达到有效前沿。从技术效率看，不同年份差异较大，资金使用上不足和浪费现象并存。针对上述情况，作者剖析了新农村建设资金配置中存在的问题，通过一系列涉农的贪污、受贿、渎职等典型案例反映了加强支农资金监管的紧迫意义。在介绍其他国家支农资金管理政策及经验借鉴的基础上，提出了提高中国新农村建设资金配置效率的对策建议。一是完善新农村建设财政资金的整合机制。开展财政支农资金的全口径预算管理，强化过程监管与责任追究，严厉打击各种犯罪行为。二是加大对农民专业合作社的扶持力度。抓好新农村建设培训工作。三是优化各种补贴措施，改善政策效果。四是注重不同地区特色农业的发展与农村生态建设。实现农村土地集约化经营。五是健全金融支农体系，多渠道拓展资金来源。六是加大小城镇建设与乡镇企业建设的投入力度，尽可能为农民开辟新的就业空间。同时加强农村民主政治建设，完善乡村治理机制。作者特别强调，若干年来，中国财政支农资金领域与其他诸多领域一样，缺的从来不是规章制度，而是规章制度的严格落实与对违法违规行为的严厉处罚，致使许多很容易发现的贪污浪费等违法违规活动长期存在且视而不见，听而不闻。正是懒政思维与有关方面的不作为，才使得许多违法违规行为普遍化与常态化，在当前社会风气并未根本好转的背景下，有必要坚持治乱世必用重典的原则，以壮士断腕的勇气，严厉打击一批新农村建设领域中的犯罪行为，并通过广泛的宣传来达到良好的震慑效果。再通过动态且普及的监管，为财政支农资金的安全运行创造一个必要的环境条件。

CONTENTS

>>>> 目录

第一章　我国新农村建设的背景与总体思路

第一节　2006 年新农村建设前我国农村的基本情况

我国是一个农业大国。改革开放以来，农业和农村经济发生巨大的变化，取得了历史上前所未有的发展。粮食生产连上新台阶，农村居民生活整体上实现了由温饱向小康的历史跨越，农民用占全世界约 10% 的耕地解决了占全世界 21% 人口的吃饭问题。

一、1978—2001 年

1978 年底，中共十一届三中全会是农业和农村经济发展的历史性转折，在总结历史经验的基础上，做出了加快我国农业发展的决定。农民在实践中创造了以家庭经营为主要形式的联产承包责任制。至 1983 年底，全国已有 1.75 亿农户实行了“大包干”联产承包责任制，占全国农户总数的 94.5%。农业生产在经历 1980—1984 年超常规增长以后，1985—1988 年农业增长速度明显趋缓，农村经济结构及农产品流通体制成为农村经济快速发展的制约因素，在这一阶段重点进行了农产品流通体制改革，将农产品统购统销改为合同定购与市场收购的“双轨制”，除棉花等少数品种外，其他农产品价格全部放开，由市场调节供求。对农村产业结构进行调整，鼓励乡镇企业发展，对其他农村非农产业和多种经营也实行鼓励政策，并对农村劳动力的流动放松了限制。

1989—1992 年是国民经济调整时期，农村改革着重围绕提高农业生产能力、加强农业基础地位来进行。首先是在粮食购销体制改革的基础上，大幅度提高粮食销价，1991—1992 年提价幅度达 140%，基本上使粮食购销同价。其次是大力发育农产品市场，从 1990 年国家在郑州建立小麦批发市场开始，先后在全国建立了 9 个区域性批发市场和一大批综合和专业的批发市场，从而使绝大部分农产品由市场调节代替了计划调节，农产品市场体系初步建立。农业和农村经济从此步入以市场为导向发展的新时期。1993 年以来，在农村经济体制改革方面，主要以完善农村社会主义市场经济体制和促进农村稳定为核心，给农村各项经济制度以法律确认，先后颁布《农业法》《农业技术推广法》《乡镇企业法》《种子法》等法律，以及一系列涉及农村经济发展、农民负担、农村文教卫生的法规和条例。在农村经济制度建设方面，主要进行土地承包延期工作，将土地的二次承包期延长 30 年，新一轮土地承包关系确立；进一步深化和完善粮棉流通体制改革，并相继出台了一系列粮棉流通体制改革政策；国家实施“八七扶贫攻坚计划”。

1998 年 10 月，中共十五届三中全会通过了《中共中央关于农业和农村工作若干重大问题的决定》，认真总结了 20 年来农村改革的基本经验，对农业和农村经济跨世纪发展的目标和方针做了全面的阐述，为新世纪的农村改革与发展提出了行动纲领。从 1978 年以来，中国农村进行了一系列的重大改革，其中有两个方面的改革是最为重要的：一是实行家庭联产承包责任制，使生产关系适应生产力发展的需要；二是突破了社会主义市场经济的理论束缚，将市场机制逐步引入到农业和农村经济，从而建立起符合实际的农村社会主义市场经济体系。农村改革促进了农村经济快速发展，加强了农业作为国民经济基础的地位，为国民经济持续稳定发展做出重要贡献。这一阶段，农业生产在制度与技术创新中稳定增长，取得了以下主要成就：

（1）农业生产稳定增长，主要农产品供求实现了总量平衡、丰年有余。2001 年农业增加值达 14610 亿元，比 1978 年实际增长 1.85 倍，比 1989 年实际增长 60.4%。粮食产量于 1996 年突破 5 亿吨大关，提前实现“九五”计划确定的目标，1996—1999 年连年丰收，4 年间年平均产量超过 5 亿吨，实现了粮食供应由短缺向总量平衡、丰年有余的历史性转变。2001 年，尽管受严重旱灾和结构调整因素的不利影响，粮食产量仍达到了 46218 万吨，比 1989 年增长 13.4%。棉花生产在适应纺织工业结构调整的同时，受到出口及库存变化的影响，年际间产量波动较大，但供需仍然达到了总量平衡有余；油料产量稳步增长，2001 年产量达到 2865 万吨，比 1989 年增长 1.21 倍，年均增长 6.8%；肉类总产量 2001 年达 6334 万吨，比 1989 年增长 1.41 倍，年均增长 7.6%；渔业快速发展，2001 年水产品产量已达 4381 万吨，比 1989 年增长 2.8 倍，年均增长 11.8%。2001 年，我国肉、蛋、奶、水产品的人均占有量分别达到 49.8 公斤、18.3 公斤、8.1 公斤和 34.4 公斤，分别比 1989 年增长 1.12 倍、1.86 倍、1.38 倍和 2.44 倍。

（2）农业生产结构调整给农业增添活力和后劲。20 世纪 80 年代，中国农村经济结构进行了一次根本性的调整，即改变以粮食为纲的方针，贯彻决不放松粮食生产、积极发展多种经营的精神，实行农林牧副渔全面发展。这次结构调整，使农村经济发生了很大的变化，农业比重不断减小，畜牧业、渔业所占比重不断上升。2001 年，农业、林业、牧业、渔业在农业总产值中的比重分别为 55.2%、3.6%、30.4%、10.8%，与 1989 年相比，农业所占比重下降了 7.6 个百分点，牧业、渔业则分别上升了 2.8 和 5.5 个百分点。从各业内部看，种植业中大宗农作物调整力度较大，优质农产品发展迅速，2001 年，我国优质专用小麦面积占小麦总面积已达 25%，优质水稻面积约占水稻总面积的 50% 以上，优质油菜面积占油菜总面积的比重超过 57%，优质专用玉米、水果“高接换种”、无公害蔬菜等农产品开发进程加快。全国已初步形成东北的大豆、玉米带，黄淮海地区花生带、小麦带，长江流域油菜带，新疆棉花产业带。据统计，2001 年位于黄淮海地区的河北、安徽、山东、河南四省小麦种植面积占全国小麦面积的比重约52%，小麦产量占全国的62%；畜牧业生产由偏重数量增长向数量和质量并重的方向转变，畜产品结构逐步优化。猪肉在肉类产量中的比重由1989年的80.8%下降到2001年66.1%，牛、羊肉的比重分别由1989年的4.1%、3.7%上升到2000年的8.7%和4.6%，草食性家禽和家畜的比重不断增加；渔业结构调整的重点是增加名特优新水产品的养殖面积和产量。从保护和利用资源的角度出发，适时捕捞，进行伏季休渔。与1989年相比，2001年水产品总产量中，养殖产量比重提高12.3个百分点；为保护生态环境，保持农业的可持续发展，国家启动了天然林资源保护工程，并开始实施中西部地区的退耕还林（草）战略性结构调整。2001年完成造林面积495万公顷，其中，重点生态工程造林331.4万公顷。

（3）农村非农产业快速发展，工业化、城镇化步伐加快。农村改革以来，以乡镇企业为主体的农村非农产业异军突起，1987年，乡镇企业总产值首次超过农业总产值，成为农村经济的重要支柱。1989—1991年国民经济调整时期，乡镇企业发展速度出现徘徊。1992年邓小平同志南方讲话后，国家出台一系列支持和鼓励乡镇企业发展的政策措施，乡镇企业再度出现高速增长。1997年亚洲金融危机发生后，乡镇企业发展所面临的宏观环境日益严峻，通过加快体制创新，依靠科技进步，乡镇企业逐步实现由粗放型增长方式向集约化增长方式转变，继续保持了持续稳定发展的好势头。据农业部乡镇企业局统计，2001年乡镇企业增加值达到29356亿元，比改革之初的1978年增长近140倍，比1989年增长13.1倍。1989—2001年年均增长24.7%，占到国内生产总值净增部分的34.5 %。农村非农产业的发展，一方面优化了农村就业结构、增加了农民收入，另一方面推进了国家工业化、城市化进程。2001年，农村劳动力就业结构中，农业（农林牧渔业）所占的比重为67.3%，非农产业所占比重为32.7%，非农产业所占比重比1989年上升了11.9个百分点。农民从事非农产业所得到的纯收入由1989年的142.4元提高到2001年的1066.4元，增长6.4倍。农民人均非农产业纯收入占农民人均纯收入的比重由1989年的23.7%提高到

2001 年的 44.7%。乡镇企业与小城镇互为依托、互相促进，共同发展，开创了中国特色的城镇化道路，我国城镇化水平由 1989 年的 26.2% 提高到 2001 年的 37.7%。

（4）农业生产条件和农村基础设施得到改善。为提高农业综合生产力，国家逐年加大对农业投资的力度。1999 年，国家财政对农业的支出达到 1085.8 亿元，比 1978 年增长 6.2 倍，比 1989 年增长 3.1 倍。在努力增加财政农业支出的同时，通过社会筹资、资本市场融资、吸引外资等形式多渠道增加农业投资。1999 年中央在新增的 1000 亿元财政国债中，有 375 亿元用于改善农业生产条件和水利设施、保护天然林、治理生态环境、节水灌溉工程等。农业生产条件明显改善，农田排灌能力大大提高，2001 年农田有效灌溉面积达 5425 万公顷，其中机电排灌面积 3621 万公顷。与此同时，大力实施农业综合开发，改造中低产田；有计划、有步骤地建设重要农产品商品生产基地，已建成商品粮基地县 1000 个左右，优质棉基地县 200 多个，以及“双低”油菜籽、糖料和“菜篮子”产品生产基地，在全国形成了稳定的农产品商品供应体系；种子工程、动植物保护体系、农业防灾减灾体系建设取得明显进展，重点地区天然林资源保护工程、十大防护林体系建设工程全面展开。这些都极大地增强了农业抗御自然灾害的能力，改善了农业生产条件和生态环境，促进了农业生产的稳定增长。为启动内需，政府加大了农村基础设施建设的力度，鼓励集体和个人投资。2001 年，农村集体和农民个人固定资产投资达到 7212.3 亿元，比 1989 年增长 4.7 倍，年均增长 15.5%。农村基础设施得到极大改善。2001 年，在全国的行政村中，自来水受益村所占比重达到 47%；全国农村有 95% 以上的行政村通了公路；87% 的行政村通了电话，农村电话用户 2001 年达 6843.1 万户；95% 以上的行政村通了电。农村交通、通讯、水电等公共事业的发展，改善了农村生产、生活条件，方便了城乡经济、文化交流，为农村经济的持续稳定发展奠定了坚实的基础。

（5）农民收入持续增长，生活质量不断改善。改革开放以来，中国农民收入总体上呈现出持续增长的态势，从而实现农村居民整体生活水平由基本生存型向温饱生活过渡及温饱向小康生活的跨越。2001 年，农村居民人均纯收入 2366.4 元，比 1989 年增长 2.9 倍；扣除价格因素，年均增长 4.3%。随着农村就业结构的变化，收入增长呈现多元化：一是家庭经营收入比重稳中趋降，在 2001 年农村居民人均纯收入中，家庭经营纯收入比重为 61.7%，比 1989 年下降了 10.5 个百分点。二是农村居民工资性报酬收入成为农村居民收入增长的重要来源，2001 年农村居民人均工资性收入占全年纯收入的比重为 32.6%，比 1989 年上升了 9.9 个百分点。三是农村居民市场意识增强，农产品商品率提高，现金收入增长较快。2001 年农村居民人均现金纯收入由 1989 年的 426 元提高到 2001 年的 1748 元，增长 3.1 倍。收入的不断增长为农村居民生活改善提供了坚实的基础。1989—2001 年农村居民人均生活消费支出由 535.4 元提高到 1741.1 元，增长了 2.3 倍；扣除价格因素，年均增长 4.1%。随着农村居民整体生活水平由温饱向小康过渡，居民消费结构不断升级。2001 年农村居民消费的食品、衣着、居住、家庭设备用品的支出水平分别达到 830.7 元、98.7 元、279.1 元和 77 元，比 1989 年分别增长了 1.8 倍、1.2 倍、1.7 倍和 1.4 倍；而医疗保健、交通通讯、文教娱乐方面的消费水平提高更快，分别达到 96.6 元、110 元、192.6 元，比 1989 年分别增长了 4.9 倍、11.9 倍和 5.3 倍。基本生存资料需求收入弹性已逐渐缩小，享受和发展资料的需求收入弹性逐渐增大。恩格尔系数（食品消费占生活消费的比重）由 1989 年的 54.8% 下降到 2001 年的 47.7%，下降了 7.1 个百分点，成为农村居民总体生活消费由温饱区间迈入小康门槛的重要标志。医疗保健支出在农村居民生活消费中的比重 12 年间提高了 2.4 个百分点，交通通讯支出提高了 4.7 个百分点，文教娱乐支出提高了 5.4 个百分点。全国农村居民生活消费现金支出额由 1989 年的 378.5 元提高到 2001 年的 1364.1 元，增长了 2.6 倍，现金消费占总消费的比重由 1989 年的 70.7% 提高到 2001 年的 78.4%，提高了 7.7 个百分点。伴随着农村居民消费结构的升级，农村居民消费档次提高，消费质量明显改善。食品消费中，肉、蛋、奶、鱼、水果等消费量增多，膳食结构向营养、科学型发展。1989 年在农民每日摄取的热量中，来源于粮食的热量占 82.6%，2001 年这一比重下降为 69.1%，下降了 13.5 个百分点。1989—2001 年，农村居民家庭年末人均住房面积由 17.21 平方米增加到 25.73 平方米，增加 2.52 平方米，增长 48.4%。其中：砖木结构住房 13.8 平方米，比 1989 年增加了 4.5 平方米，增长 48.4%；楼房面积 6.9 平方米，比 1989 年增加了 6 平方米，增长 6.5 倍。彩色电视机、电冰箱、摩托车等需求弹性系数较大的耐用消费品年末拥有量成倍增长。2001 年末农民平均每百户彩色电视机拥有量 54.4 台，比 1989 年增长 14 倍；电冰箱 13.6 台，同比增长 14 倍；摩托车 24.7 台，增长 25 倍；洗衣机 29.9 台，同比增长 2.7 倍。近年来，电话、移动电话、空调、电脑等也进入了农民家庭。2001 年，农民每百户拥有电话机 34.1 部、移动电话 8.1 部、空调 1.7 台、组合音响 8.7 台。

二、2002—2005 年

2002—2005 年，我国农村、农业与农民生活在稳步发展的同时，也出现了一些持续性的问题。2002 年，全国粮食种植面积 10399 万公顷，棉花种植面积 418 万公顷，分别比上年减少 209 万公顷和 63 万公顷。粮食产量 45711 万吨，比上年仅增长 1%。棉花产量 492 万吨，比上年下降 7.5%。油料产量 2900 万吨，比上年低速增长 1.2%。到 2003 年，全国粮食播种面积减到 15 亿亩以下，降到了新中国成立以来最低水平。粮食种植面积 9941 万公顷，比上年减少 448 万公顷；粮食总产量 43067 万吨，比上年减产 2639 万吨，下降 5.8%，降到了近 14 年来的最低水平。当年尽管蔬菜、水果在调整品种、优化品质的基础上比上年分别增长 18.7%、33.8%，但粮食、棉花、油料、糖料等大宗农产品却明显减产。同年由于国际市场和国内需求的变化，我国农产品进出口总额、出口额和进口额均创历史新高。当年我国农产品进出口总额达到 403.6 亿美元，创历史新纪录，比上年增长 31.9%，是自 1995 年以来农产品进出口增长最快的年份；农产品出口额 214.3 亿美元，比上年增长 18.1%；农产品进口额 189.3 亿美元，比上年增长 52.1%；农产品进出口贸易顺差为 25 亿美元，同比下降 56.1%，是自 1990 年以来我国农产品对外贸易顺差较少的年份。当年粮食出口 2200.4 万吨，其中净出口 1615.9 万吨，是我国历史上粮食出口最多的年份。此外，由于国内消费需求的增长，食用植物油进口数量明显增长。农民增收缓慢，城乡人均收入差距扩大。2004 年 2 月 8 日，《中共中央国务院关于促进农民增加收入若干政策意见》（以下简称《意见》）作为 2004 年中央“一号文件”正式公布，《意见》对当前和今后一个时期做好农民增收工作提出了总体部署：要求各级党委和政府牢固树立科学发展观，统筹城乡经济社会发展，坚持“多予、少取、放活”的方针，调整农业结构，扩大农民就业，加快科技进步，深化农村改革，增加农业投入，强化对农业支持保护，力争实现农民收入较快增长，尽快扭转城乡居民收入差距不断扩大的趋势。当年农业生产出现重要转机，根据国家统计局的数字，2004 年，全国粮食播种面积达到 10161 万公顷，比上年增加 220 万公顷，扭转了连续 5 年下降的局面。粮食总产量 46947 万吨，比上年增加 3877 万吨，同比增长 9.0%，扭转了 1999 年以来连续 5 年下降的局面；粮食单产 308 公斤/亩，比上年增长 6.6%。粮食单产和当年粮食增产量均创历史最高水平。棉花种植面积 569 万公顷，增加 58 万公顷，棉花产量 632 万吨，增产 30.1%。油料种植面积 1452 万公顷，减少 47 万公顷，油料产量 3057 万吨，增产 8.8%。糖料种植面积 157 万公顷，减少 9 万公顷；蔬菜种植面积 1767 万公顷，减少 29 万公顷。当年农产品进出口贸易总额为 514.2 亿美元，同比增长 27.4%。其中，出口额为 233.9 亿美元，同比增长 9.2%；进口额为 280.3 亿美元，同比增长 48.1%。农产品进出口额在继续保持双增长的同时，进口增幅大大超过出口增幅，农产品贸易由上年顺差 25.0 亿美元转变为逆差 46.4 亿美元。从海关数据来看，主要是由于粮食出口大幅度下降，食用植物油、食用油料、棉花、食糖、畜产品的贸易逆差都有不同程度的扩大。2004 年，农村税费改革给农民带来了“真金白银”的实惠。通过免征农业税和降低农业税税率，全国农民共减轻农业税负担约 302 亿元，农民人均税费下降 30 元，降幅达 44.3%。税费负担占当年农民纯收入的比重已由 2003 年的 2.6% 下降到 1.3%。2004 年，农村居民年人均纯收入为 2936 元，比上年增长 6.8%，“十五”期间农民年收入增长平均为 6.5%，高于预期目标 1.5 个百分点。

2005 年，农业和农村经济在平稳发展的同时，一些比较突出的问题逐步显现。据国家统计局对全国 31000 个农业生产经营单位的生产价格调查结果，2005 年前三季度，全国农产品生产价格除少部分品种上涨外，多种品种有不同程度的下跌。其中粮食生产价格同比下降 0.1%，小麦下降 3.4%，玉米下降 1.1%，大豆下降 4.1%，棉花价格下降 17.5%，油料价格下降 6.9%。当年粮食总产量比预计目标减少 0.5 亿 ~1 亿吨，棉花总产量比上年度减少 87 万吨，减幅 13.8%。价格下降带来的直接问题是农民增收困难，再加上农业基础设施薄弱、抗灾能力不强，农业劳动生产率和农产品转化加工率过低，农产品流通体制改革和市场体系建设滞后，农产品质量和农业综合效益不高，农业科技总体发展水平较低等，使得农业和农村经济进一步发展的动力日渐减弱。日益扩大的城乡差距不但增加了社会的不和谐因素，也降低了中国经济的整体发展动力，在这种背景下，新农村建设势在必行。

第二节　我国新农村建设的总体思路

2005 年 10 月 8 日，中共十六届五中全会在北京召开，会议主要研究了“十一五规划”，首次提出建设社会主义新农村的重大历史任务。会议认为，近几年来，党中央、国务院以科学发展观统领经济社会发展全局，按照统筹城乡发展的要求，采取了一系列支农惠农的重大政策。农业和农村发展出现了积极变化，迎来了新的发展机遇。粮食连续两年较大幅度增产，农业结构调整向纵深推进，农村税费改革取得重大成果，农村基层组织建设得到加强。但是，农业和农村发展仍然处在艰难的爬坡阶段，农业基础设施脆弱、农村社会事业发展滞后、城乡居民收入差距扩大的矛盾依然突出，解决好“三农”问题仍然是工业化、城镇化进程中重大而艰巨的历史任务。为此，发布了《关于推进社会主义新农村建设的若干意见》，主要精神如下。

一、统筹城乡经济社会发展，扎实推进社会主义新农村建设

妥善处理工农城乡关系，构建社会主义和谐社会，促进农村经济社会全面进步。抓住机遇，加快改变农村经济社会发展滞后的局面，扎实稳步推进社会主义新农村建设。

一是全面贯彻落实科学发展观，统筹城乡经济社会发展，实行工业反哺农业、城市支持农村和“多予少取放活”的方针，按照“生产发展、生活宽裕、乡风文明、村容整洁、管理民主”的要求，协调推进农村经济建设、政治建设、文化建设、社会建设和党的建设。完善强化支农政策，建设现代农业，稳定发展粮食生产，积极调整农业结构，加强基础设施建设，加强农村民主政治建设和精神文明建设，加快社会事业发展，推进农村综合改革，促进农民持续增收，确保社会主义新农村建设有良好开局。

二是坚持以发展农村经济为中心，进一步解放和发展农村生产力，促进粮食稳定发展、农民持续增收。坚持农村基本经营制度，尊重农民的主体地位，不断创新农村体制机制。坚持以人为本，着力解决农民生产生活中最迫切的实际问题，切实让农民得到实惠。坚持科学规划，实行因地制宜、分类指导，有计划有步骤有重点地逐步推进，依靠农民的辛勤劳动、国家扶持和社会力量的广泛参与，使新农村建设成为全党全社会的共同行动。在推进新农村建设工作中，要注重实效，不搞形式主义。要量力而行，不盲目攀比。要民主商议，不强迫命令。要突出特色，引导扶持，不包办代替。

三是加快建立以工促农、以城带乡的长效机制。坚持“多予少取放活”的方针，重点在“多予”上下功夫。调整国民收入分配格局，国家财政支出、预算内固定资产投资和信贷投放，要按照存量适度调整、增量重点倾斜的原则，不断增加对农业和农村的投入。扩大公共财政覆盖农村的

范围，建立健全财政支农资金稳定增长机制。逐步形成新农村建设稳定的资金来源，把国家对基础设施建设投入的重点转向农村。提高耕地占用税税率，新增税收主要用于“三农”。抓紧制定将土地出让金一部分收入用于农业土地开发的管理和监督办法，依法严格收缴土地出让金和新增建设用地有偿使用费，土地出让金用于农业土地开发部分和新增建设用地有偿使用费安排的土地开发整理项目，都要将小型农田水利设施建设作为重要内容，建设标准农田。进一步加大支农资金整合力度，提高资金使用效率。金融机构要不断改善服务，加强对“三农”的支持。要加快建立有利于逐步改变城乡二元结构的体制，实行城乡劳动者平等就业的制度，建立健全与经济发展水平相适应的多种形式的农村社会保障制度。充分发挥市场配置资源的基础性作用，推进征地、户籍等制度改革，逐步形成城乡统一的要素市场，增强农村经济发展活力。

二、强化社会主义新农村建设的产业支撑

一是大力提高农业科技创新和转化能力。深化农业科研体制改革，加快建设国家创新基地和区域性农业科研中心。鼓励企业建立农业科技研发中心，国家在财税、金融和技术改造等方面给予扶持。改善农业技术创新的投资环境，发展农业科技创新风险投资。加强农业高技术研究，继续实施现代农业高技术产业化项目，尽快取得一批具有自主知识产权的重大农业科技成果。针对农业生产的迫切需要，加快农作物和畜禽良种繁育、动植物疫病防控、节约资源和防治污染技术的研发、推广。把农业科研投入放在公共财政支持的优先位置，提高农业科技在国家科技投入中的比重。继续安排农业科技成果转化资金和国外先进农业技术引进资金。加强种质资源和知识产权保护。要加快农业技术推广体系改革和建设，积极探索对公益性职能与经营性服务实行分类管理的办法，完善农技推广的社会化服务机制。深入实施农业科技入户工程，扩大重大农业技术推广项目专项补贴规模。鼓励各类农科教机构和社会力量参与多元化的农技推广服务。加

强气象为农业服务，保障农业生产和农民生命财产安全。大力推进农业机械化，提高重要农时、重点作物、关键生产环节和粮食主产区的机械化作业水平。

二是加强农村现代流通体系建设。积极推进农产品批发市场升级改造，促进入市农产品质量等级化、包装规格化。鼓励商贸企业、邮政系统和其他各类投资主体通过新建、兼并、联合、加盟等方式，在农村发展现代流通业。积极发展农产品、农业生产资料和消费品连锁经营，建立以集中采购、统一配送为核心的新型营销体系，改善农村市场环境。继续实施"万村千乡市场工程"，建设连锁化"农家店"。培育和发展农村经纪人队伍。加快农业标准化工作，健全检验检测体系，强化农业生产资料和饲料质量管理，进一步提高农产品质量安全水平。供销合作社要创新服务方式，广泛开展联合、合作经营，加快现代经营网络建设，为农产品流通和农民生产生活资料供应提供服务；稳定发展粮食生产。坚持立足国内实现粮食基本自给的方针，持续增加种粮收益，不断提高生产能力。坚决落实最严格的耕地保护制度，切实保护基本农田，保护农民的土地承包经营权。继续实施优质粮食产业工程和粮食丰产科技工程，加快建设大型商品粮生产基地和粮食产业带，稳定粮食播种面积，不断提高粮食单产、品质和生产效益。坚持和完善重点粮食品种最低收购价政策，保持合理的粮价水平，加强农业生产资料价格调控，保护种粮农民利益。继续执行对粮食主产县的奖励政策，增加中央财政对粮食主产县的奖励资金；积极推进农业结构调整。按照高产、优质、高效、生态、安全的要求，调整优化农业结构。加快建设优势农产品产业带，积极发展特色农业、绿色食品和生态农业，保护农产品知名品牌，培育壮大主导产业。继续实施种子工程。大力发展畜牧业，扩大畜禽良种补贴规模，推广健康养殖方式，安排专项投入支持标准化畜禽养殖小区建设试点。加强动物疫病特别是禽流感等重大疫病防控的基础设施建设，完善突发疫情应急机制，加快推进兽医管理体制改革，稳定基层兽医队伍。积极发展水产业，扩大优质水产品养殖，发展远洋渔业，保护渔业资源，继续做好渔民转产转业工作。提高农产品国际竞争力，扩大园艺、畜牧、水产等优势农产品出口，加强农产品对外贸易磋商，提高我国农业应对国际贸易争端的能力；发展农业产业化经营。着力培育一批竞争力、带动力强的龙头企业和企业集群示范基地，推广龙头企业、合作组织与农户有机结合的组织形式，让农民从产业化经营中得到更多的实惠。增加各级财政扶持农业产业化发展的资金，支持龙头企业发展，通过龙头企业资助农户参加农业保险。发展大宗农产品期货市场和“订单农业”。通过创新信贷担保手段和担保办法，切实解决龙头企业收购农产品资金不足的问题。开展农产品精深加工增值税改革试点。积极引导和支持农民发展各类专业合作经济组织，加快立法进程，加大扶持力度，建立有利于农民合作经济组织发展的信贷、财税和登记等制度；加快发展循环农业。大力开发节约资源和保护环境的农业技术，重点推广废弃物综合利用技术、相关产业链接技术和可再生能源开发利用技术。制定相应的财税鼓励政策，组织实施生物质工程，推广秸秆气化、固化成型、发电、养畜等技术，开发生物质能源和生物基材料，培育生物质产业。积极发展节地、节水、节肥、节药、节种的节约型农业，鼓励生产和使用节电、节油农业机械和农产品加工设备，努力提高农业投入品的利用效率。加大力度防治农业面源污染。

三、促进农民持续增收，夯实社会主义新农村建设的经济基础

一是拓宽农民增收渠道。充分挖掘农业内部增收潜力，按照国内外市场需求，积极发展品质优良、特色明显、附加值高的优势农产品，推进“一村一品”，实现增值增效。加快转移农村劳动力，不断增加农民的务工收入。鼓励和支持符合产业政策的乡镇企业发展，特别是劳动密集型企业和服务业。着力发展县城和在建制的重点镇，从财政、金融、税收和公共品投入等方面为小城镇发展创造有利条件，鼓励外来人口较多的城镇从实际出发，完善社会管理职能。着眼兴县富民，着力培育产业支撑，大力发

展民营经济，引导企业和要素集聚，改善金融服务，增强县级管理能力，发展壮大县域经济。

二是保障务工农民的合法权益。进一步清理和取消各种针对务工农民流动和进城就业的歧视性规定和不合理限制。建立健全城乡就业公共服务网络，为外出务工农民免费提供法律政策咨询、就业信息、就业指导和职业介绍。严格执行最低工资制度，建立工资保障金等制度，切实解决务工农民工资偏低和拖欠问题。完善劳动合同制度，加强务工农民的职业安全卫生保护。逐步建立务工农民社会保障制度，依法将务工农民全部纳入工伤保险范围，探索适合务工农民特点的大病医疗保障和养老保险办法。认真解决务工农民子女的上学问题。

三是稳定、完善、强化对农业和农民的直接补贴政策。如“三减免、三补贴”、退耕还林补贴等政策，加大对种粮农民的补贴力度。增加良种补贴和农机具购置补贴。适应农业生产和市场变化的需要，建立和完善对种粮农民的支持保护制度。

四是加强扶贫开发工作。因地制宜实行整村推进的扶贫开发方式，加大力度改善贫困地区的生产生活条件，抓好贫困地区劳动力的转移培训，扶持龙头企业带动贫困地区调整结构，拓宽贫困农户增收渠道。对缺乏生存条件地区的贫困人口实行易地扶贫。继续增加扶贫投入，完善管理机制，提高使用效益。继续动员中央和国家机关、沿海发达地区和社会各界参与扶贫开发事业。切实做好贫困缺粮地区的粮食供应工作。

四、加强农村基础设施建设，改善农村物质条件

一是大力加强农田水利、耕地质量和生态建设。在搞好重大水利工程建设的同时，不断加强农田水利建设。加快发展节水灌溉，继续把大型灌区续建配套和节水改造作为农业固定资产投资的重点。加大大型排涝泵站技术改造力度，配套建设田间工程。大力推广节水技术。实行中央和地方共同负责，逐步扩大中央和省级小型农田水利补助专项资金规模。切实抓

好以小型灌区节水改造、雨水集蓄利用为重点的小型农田水利工程建设和管理。继续搞好病险水库除险加固，加强中小河流治理。要大力加强耕地质量建设，实施新一轮沃土工程，科学施用化肥，引导增施有机肥，全面提升地力。增加测土配方施肥补贴，继续实施保护性耕作示范工程和土壤有机质提升补贴试点。农业综合开发要重点支持粮食主产区改造中低产田和中型灌区节水改造。按照建设环境友好型社会的要求，继续推进生态建设，切实搞好退耕还林、天然林保护等重点生态工程，稳定完善政策，培育后续产业，巩固生态建设成果。继续推进退牧还草、山区综合开发。建立和完善生态补偿机制。做好重大病虫害防治工作，采取有效措施防止外来有害生物入侵。加强荒漠化治理，积极实施石漠化地区和东北黑土区等水土流失综合防治工程。建立和完善水电、采矿等企业的环境恢复治理责任机制，从水电、矿产等资源的开发收益中，安排一定的资金用于企业所在地环境的恢复治理，防止水土流失。

二是加快乡村基础设施建设。在巩固人畜饮水解困成果基础上，加快农村饮水安全工程建设，优先解决高氟、高砷、苦咸、污染水及血吸虫病区的饮水安全问题。有条件的地方，可发展集中式供水，提倡饮用水和其他生活用水分质供应。加快农村能源建设步伐，在适宜地区积极推广沼气、秸秆气化、小水电、太阳能、风力发电等清洁能源技术。以沼气池建设带动农村改圈、改厕、改厨，加强小水电开发规划和管理，扩大小水电代燃料试点规模。进一步加强农村公路建设，到“十一五”期末基本实现全国所有乡镇通油（水泥）路，东、中部地区所有具备条件的建制村通油（水泥）路，西部地区基本实现具备条件的建制村通公路。积极推进农业信息化建设，充分利用和整合涉农信息资源，强化面向农村的广播电视电信等信息服务，重点抓好“金农”工程和农业综合信息服务平台建设工程。引导农民自愿出资出劳，开展农村小型基础设施建设，有条件的地方可采取以奖代补、项目补助等办法给予支持。按照建管并重的原则，逐步把农村公路等公益性基础设施的管护纳入国家支持范围。

三是加强村庄规划和人居环境治理。安排资金支持编制村庄规划和开展村庄治理试点。从各地实际出发，制定村庄建设和人居环境治理的指导性目录，重点解决农民在饮水、行路、用电和燃料等方面的困难，凡符合目录的项目，给予资金、实物等方面的引导和扶持。加强宅基地规划和管理，大力节约村庄建设用地，向农民免费提供经济安全适用、节地节能节材的住宅设计图样。引导和帮助农民切实解决住宅与畜禽圈舍混杂问题，搞好农村污水、垃圾治理，改善农村环境卫生。注重村庄安全建设，防止山洪、泥石流等灾害对村庄的危害，加强农村消防工作。村庄治理要突出乡村特色、地方特色和民族特色，保护有历史文化价值的古村落和古民宅。要本着节约原则，充分立足现有基础进行房屋和设施改造，防止大拆大建，防止加重农民负担，扎实稳步地推进村庄治理。

五、加快发展农村社会事业，培养新型农民

一是加快发展农村义务教育。着力普及和巩固农村九年制义务教育。继续实施国家西部地区“两基攻坚”工程和农村中小学现代远程教育工程。建立健全农村义务教育经费保障机制，进一步改善农村办学条件，逐步提高农村中小学公用经费的保障水平。加强农村教师队伍建设，加大城镇教师支援农村教育的力度，促进城乡义务教育均衡发展。加大力度监管和规范农村学校收费，进一步减轻农民的教育负担。二是大规模开展农村劳动力技能培训。继续支持新型农民科技培训，提高农民务农技能，促进科学种田。扩大农村劳动力转移培训阳光工程实施规模，提高补助标准，增强农民转产转岗就业的能力。加快建立政府扶助、面向市场、多元办学的培训机制。将农村劳动力培训经费纳入各级财政预算，不断增加投入。整合农村各种教育资源，发展农村职业教育和成人教育。三是积极发展农村卫生事业。在全国农村基本普及新型农村合作医疗制度，加强以乡镇卫生院为重点的农村卫生基础设施建设，健全农村三级医疗卫生服务和医疗救助体系。建立与农民收入水平相适应的农村药品供应和监管体系，规范农村医疗服务。加大农村地方病、传染病和人畜共患疾病的防治力度。增

加农村卫生人才培养的经费预算，组织城镇医疗机构和人员对口支持农村，鼓励各种社会力量参与发展农村卫生事业。加强农村计划生育服务设施建设，继续稳定农村低生育水平。四是繁荣农村文化事业。各级财政要增加对农村文化发展的投入，加强县文化馆、图书馆和乡镇文化站、村文化室等公共文化设施建设，继续实施广播电视“村村通”和农村电影放映工程，发展文化信息资源共享工程农村基层服务点，构建农村公共文化服务体系。推动实施农民体育健身工程。积极开展多种形式的群众喜闻乐见、寓教于乐的文体活动，保护和发展有地方和民族特色的优秀传统文化，创新农村文化生活的载体和手段，引导文化工作者深入乡村，满足农民群众多层次、多方面的精神文化需求。扶持农村业余文化队伍，鼓励农民兴办文化产业。五是逐步建立农村社会保障制度。按照城乡统筹发展的要求，逐步加大公共财政对农村社会保障制度建设的投入，探索建立与农村经济发展水平相适应、与其他保障措施相配套的农村社会养老保险制度。六是倡导健康文明新风尚。大力弘扬以爱国主义为核心的民族精神和以改革创新为核心的时代精神，为建设社会主义新农村提供强大的精神动力和思想保证。认真实施公民道德建设工程，积极推动群众性精神文明创建活动，开展和谐家庭、和谐村组、和谐村镇创建活动。提倡科学健康的生活方式，在农村形成文明向上的社会风貌。

六、全面深化农村改革，健全社会主义新农村建设的体制保障

进一步深化以农村税费改革为主要内容的农村综合改革。积极稳妥推进乡镇机构改革，切实转变乡镇政府职能，精简机构和人员，5 年内乡镇机构编制只减不增。妥善安置分流人员，确保社会稳定。加快农村义务教育体制改革，建立和完善各级政府责任明确、财政分级投入、经费稳定增长、管理以县为主的农村义务教育管理体制，中央和省级政府要更多地承担发展农村义务教育的责任，深化农村学校人事和财务等制度改革。有条

件的地方可加快推进“省直管县”财政管理体制和“乡财县管乡用”财政管理方式的改革。进行清理核实乡村债务，妥善处理历年农业税尾欠，完善涉农税收优惠方式，确保农民直接受益。深化国有农场税费改革，将农业职工土地承包费中类似农村“乡镇五项统筹”的费用全部减除。加快推进农村金融改革。巩固和发展农村信用社改革试点成果，进一步完善治理结构和运行机制。县域内各金融机构在保证资金安全的前提下，将一定比例的新增存款投放当地，支持农业和农村经济发展。扩大邮政储蓄资金的自主运用范围，引导邮政储蓄资金返还农村。调整农业发展银行职能定位，拓宽业务范围和资金来源。国家开发银行要支持农村基础设施建设和农业资源开发。继续发挥农业银行支持农业和农村经济发展的作用。在保证资本金充足、严格金融监管和建立合理有效的退出机制的前提下，鼓励在县域内设立多种所有制的社区金融机构，允许私有资本、外资等参股。大力培育由自然人、企业法人或社团法人发起的小额贷款组织，有关部门要抓紧制定管理办法。引导农户发展资金互助组织。规范民间借贷。稳步推进农业政策性保险试点工作，加快发展多种形式、多种渠道的农业保险。各地可通过建立担保基金或担保机构等办法，解决农户和农村中小企业贷款抵押担保难问题，有条件的地方政府可给予适当扶持；统筹推进农村其他改革。稳定和完善以家庭承包经营为基础、统分结合的双层经营体制，健全在依法、自愿、有偿基础上的土地承包经营权流转机制，有条件的地方可发展多种形式的适度规模经营。加快集体林权制度改革，促进林业健康发展。完善粮食流通体制，深化国有粮食企业改革，建立产销区稳定的购销关系，加强国家对粮食市场的宏观调控。加快征地制度改革步伐，按照缩小征地范围、完善补偿办法、拓展安置途径、规范征地程序的要求，进一步探索改革经验。完善对被征地农民的合理补偿机制，加强对被征地农民的就业培训，拓宽就业安置渠道，健全对被征地农民的社会保障。推进小型农田水利设施产权制度改革。

七、加强农村民主政治建设，完善乡村治理机制

不断增强农村基层党组织的战斗力、凝聚力和创造力。引导农村党员坚定理想信念，坚持党的宗旨。要结合农村实际，有针对性地开展正面教育，解决党组织和党员队伍中存在的突出问题。加强农村基层组织的阵地建设，巩固党在农村的执政基础。切实维护农民的民主权利，进一步完善村务公开和民主议事制度，让农民群众真正享有知情权、参与权、管理权、监督权。完善村民“一事一议”制度，健全农民自主筹资筹劳的机制和办法，引导农民自主开展农村公益性设施建设。加强农村法制建设，提高农民依法行使权利和履行义务的自觉性。加强农村社会治安综合治理，创造农民安居乐业的社会环境；培育农村新型社会化服务组织。推动农产品行业协会发展，鼓励发展农村法律、财务等中介组织，为农民发展生产经营和维护合法权益提供有效服务。

为确保新农村建设工作如期推进，国家要求各级党委和政府从战略和全局的高度出发，切实加强领导，明确工作重点，每年为农民办几件实事。相关宏观管理、基础产业和公共服务部门，在制定发展规划、安排建设投资和事业经费时，要充分考虑统筹城乡发展的要求，更多地向农村倾斜。各地区各部门要建立推进新农村建设的工作协调机制，加强统一领导，明确职责分工，搞好配合协作，帮助基层解决新农村建设中遇到的各种矛盾和问题。把新农村建设纳入当地经济和社会发展的总体规划，明确推进新农村建设的思路、目标和工作措施，统筹安排各项建设任务。同时充分考虑农民的切身利益和发展要求，在促进农村经济发展的基础上，区分轻重缓急，突出建设重点，加强饮水安全、农田水利、乡村道路、农村能源等基础设施建设，加快教育、卫生等公共事业发展。要尊重自然规律、经济规律和社会发展规律，广泛听取基层和农民群众的意见和建议，提高规划的科学性、民主性、可行性。动员全社会力量关心、支持和参与社会主义新农村建设。充分发挥城市带动农村发展的作用，加大城市经济

对农村的辐射，加大城市人才、智力资源对农村的支持，加大城市科技、教育、医疗等方面对农民的服务。引导党政机关、人民团体、企事业单位和社会知名人士、志愿者对乡村进行结对帮扶，努力营造全社会关心、支持、参与建设社会主义新农村的浓厚氛围。

| 第二章　新农村建设以来我国支农资金的运行情况 |

第一节　新农村建设以来我国财政支农资金的运行情况

一、2006—2010 年

2006 年

2006 年是我国新农村建设的第一年，也是“十一五”规划实施的第一年。当年 1 月，国家不再针对农业单独征税，一个在中国存在 2600 多年的古老税种宣告终结。农业税的取消，给中国农民带来了实实在在的利益，又一次解决了农村生产力。当年财政支出政策的基本特点是调整支出结构，在压缩一般性开支的同时，保障公共支出需要。其中，加大财政支农力度，推进社会主义新农村建设，是本年度财政支出政策的重要内容。中央财政支农支出为 3173.0 亿元，比上年增加 722.7 亿元，增幅 29.5% 元。实行粮食直补、良种补贴和农机具购置补贴三项政策共发放资金 188.7 亿元。部分支农资金的投向见表 2.1 与图 2.1。

为了解决县乡财政困难、地区间财力不均衡等问题，2006 年，全国 28 个省份推行了乡财县管改革，18 个省份推行了省直管县改革。预算管理制度改革在一些重点领域和关键环节取得新的重要进展。2006 年 3 月 27 日，新华社受权发布了《国务院关于解决农民工问题的若干意见》，指出农民工问题事关我国经济和社会发展全局，维护农民工权益是需要解决的突出问题，从农民工工资、就业、技能培训、劳动保护、社会保障、公共管理和服务、户籍管理制度改革、土地承包权益等各个方面提出了解决农民工问题的政策措施。2006 年 10 月 31 日，《农民专业合作社法》通过，标志着农民专业合作经济组织进入了依法发展的新阶段，这一法律的实施对于丰富和完善农村经营体制、推动农村产业结构调整、促进农民增收、培养新型农民、建设和谐社会主义新农村都具有重要的意义和深远的影响。农民工问题是中央农业与农村工作的重大突破。

为进一步降低农业生产资料成本，2006 年，国家对化肥生产用电、用气实行优惠价格，暂免征收尿素产品增值税。增加化肥用煤和化肥产品的铁路运输计划，对化肥铁路运输实行优惠运价，并免收铁路建设基金。采取财政贴息的办法，建立化肥淡季商业储备制度，逐步扩大淡储规模，并对承储企业收储淡季商业储备化肥给予信贷支持。为保证国内需求，对尿素、磷酸一铵、磷酸二铵等主要化肥品种暂停出口退税以控制出口，对尿素出口征收季节性暂定关税。对尿素等化肥出厂价实行政府指导价或最高限价，对批发和零售环节按照从紧从严的原则规定进销差率、批零差率，对无烟块煤价格实行干预措施，控制化肥生产用煤价格过度上涨，同时加大监督检查力度，依法严厉查处化肥价格违法行为。建立种粮农民的农资增支综合直补制度。2006 年对种粮农民柴油、化肥等农业生产资料增支实行综合直补 125 亿元。各地结合本地实际情况还出台了许多稳定化肥、种子、农药、农膜、农用柴油等农资价格的政策措施。

表 2.1　2006 年部分中央财政支农资金投向

资金投向	资金数量（亿元）
对种粮农民因农业生产资料价格上涨导致的增支实行综合直补	120
拨付渔业等行业补贴	85.9
全国粮食直补、良种补贴、农机具购置补贴	188.7

续表

资金投向	资金数量（亿元）
新型农村合作医疗制度改革试点补助	42.7
农村扶贫资金	137
村级组织活动场所建设	4.9

资料来源：根据2007年《中国农村统计年鉴》整理。

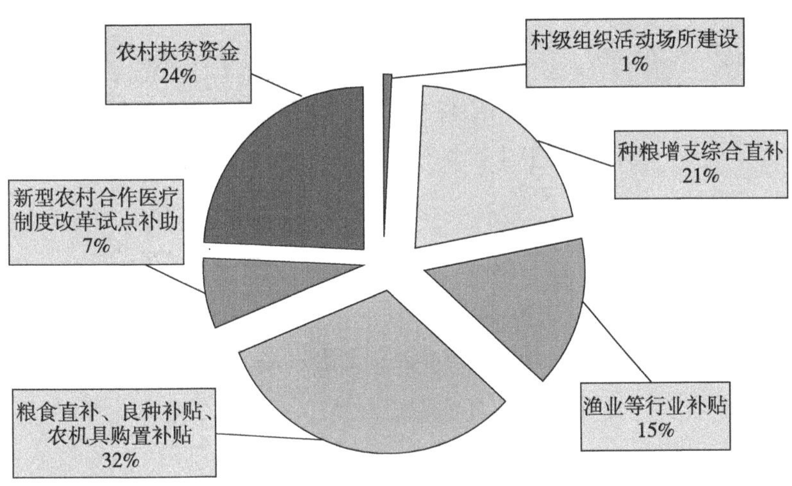

图2.1　2006年部分中央财政支农资金投向

资料来源：同表2.1。

从2006年春季学期开始，西部地区全部免除农村义务教育阶段学生学杂费，继续执行“两免一补”政策中规定的免教科书费、补助寄宿生生活费政策。中央和地方财政分别安排资金150亿元和211亿元，其中部分专项资金实行了国库集中支付，资金直达学校，受益学生达到4880万人，平均每个小学生减负140元，初中生减负180元。中部地区每个省选择一个县于秋季学期开始试点，东部地区大部分省份也主动实施了改革试点。从2006年6月起，农村中小学教学用电全部由执行非居民照明电价改为居民照明电价，平均每千瓦时降低0.15元，每年可减轻农村电费负担约10亿元。同年，国家发展改革委员会与新闻出版总署下发了《关于进一步加强中小学教材价格管理等有关事项的通知》和《关于严禁在中小学教材出版发行环节违规收取费用的通知》，采取综合措施，加强中小学教材价格管理，降低中小学教材价格；发改委还要求各地全面清理农村义务教育阶段学校的收费项目，农村义务教育免除学杂费后，学校除可收取课本费、作业本费和寄宿生住宿费外，取消其他各项代收费和服务性收费。

2006 年，新型农村合作医疗制度改革试点范围扩大。当年全国 50.7% 的县（市、区）进行了改革试点，参合农民 4.1 亿人，中央财政补助标准由 10 元提高到 20 元，省级财政也相应提高补助标准。从制度和机制上缓解了农民群众“因病致贫、因病返贫”的问题。重点加大公共卫生专项资金的投入力度，支持基层卫生机构设备配备和人员培训、万名医师支援农村卫生工程等。

2007 年

2007 年，中央财政支农支出为 4318.3 亿元，比上年增加 1145.3 亿元，增幅为 36.1%。其中支援农村生产支出和各项农业事业费 1801.7 亿元，粮食、农资、良种、农机具购置补贴 513.6 亿元，农村社会事业发展支出 1415.8 亿元。部分资金的投向见表 2.2 与图 2.2。

表 2.2　2007 年部分中央财政支农资金投向

资金投向	资金数量（亿元）
实施粮食最低收购价政策，收购小麦 579 亿斤	105.3
支持小型农田水利设施建设和小型病险水库除险加固	42
推进农业综合开发	115.7
新增建设用地土地有偿使用费	172
促进农民专业合作组织发展、农业科技推广	10
农村商贸流通和市场体系建设	12.9
支持抗灾救灾和扶贫开发	144
全面实施农村义务教育经费保障机制改革	364.8
继续扩大新型农村合作医疗制度覆盖面	114
推进城乡医疗救助工作	34
用于退耕还林补助期满后继续补助退耕农户	11.2（新增）
支持集体林权制度改革	15.8

资料来源：根据 2008 年《中国农村统计年鉴》整理。

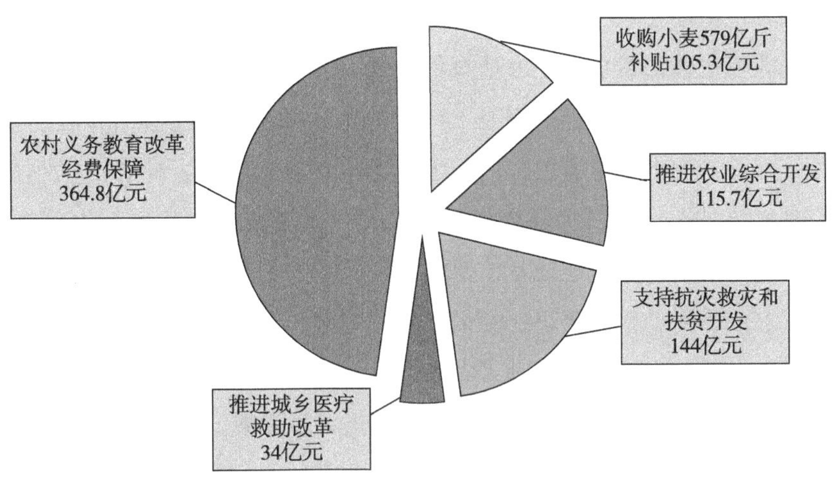

图2.2　2007年部分中央财政支农资金投向

资料来源：同表2.2。

2007年，全国农业综合开发紧紧围绕发展现代农业、建设社会主义新农村的总体部署，以粮食主产区为重点，着力加强农业基础设施建设，提高农业综合生产能力，着力推进农业产业化经营，带动农民增收。当年农业综合开发资金预算115亿元，其中用于13个粮食主产区的资金达到69亿元，占全部中央财政预算资金的60%。农业综合开发土地治理项目资金76.2亿元，重点用于建设高标准基本农田，全年安排改造中低产田2615.72万亩。农业综合开发产业化经营项目资金38.8亿元，采用有偿无偿相结合、投资参股、贷款贴息等形式扶持产业化经营项目1458个，这些项目建成后，可建设经济林、花卉、药材等农业种植基地33.89万亩，发展水产养殖71.2万亩，有效地促进了农业结构调整，强化了新农村建设的产业支撑。

2007年7月，上年通过的《农民专业合作社法》正式实施，各级部门认真贯彻执行，形成了合作社发展的良好环境。为配合《农民专业合作社法》，相继颁布了农民专业合作社登记管理条例、农民专业合作社示范章程、农民专业合作社财务会计制度等一系列法律制度，形成了保护农民专业合作社健康发展的法律框架体系。同时出台了税收、金融、人才支持等优惠扶持政策，明确提出有条件的合作社可以承担国家有关涉农项目。农业部和其他部门还联手推出了农民专业合作社示范社建设行动，以示范促规范，以抓规范促发展。把农业合作社的人才培养纳入了国家中长期人才发展纲要，每年在农业部的阳光工程中安排了10多万名专业合作社的农民进行培养。与商务部等有关部门积极大力推动农超对接，让农民专业合作社产品直接进入超市，实现合作社产品直供，超市的产品从合作社直采，减少流通环节，降低流通成本，使农民、超市、消费者实现多赢。使农民得到了农产品附加值的分享，促进了农民增收，培养了新型农民。合作社组织成员实行技术培训，提升了农民的科学文化素质，通过成员参与合作社事务，使合作社的民主管理和农村和谐进一步发展。

2007年5月25日，科学技术部、农业部、水利部、国家林业局、中国科学院与中国农业银行联合发布了"'十一五'国家农业科技园区发展纲要"，计划"十一五"期间在全国发展建设80~100个国家农业科技园区试点，认定30~50个区域代表性和引导、示范与带动作用强的国家农业科技园区。基本涵盖全国不同类型区域，并向开发利用海洋国土拓展。在园区发展质量上，按照政府指导、企业运作、中介参与、农民受益的方针，不断强化提升园区的科技积聚能力、服务引领能力、集成带动能力和扩散支撑能力，转变区域农业增长方式、培育和孵化一批具有国际竞争力的科技型农业产业集团。优化园区整体布局，把园区核心区、示范区建设和所在地农村的生产区、生活区和生态区有机地衔接起来，在园区建设的同时通过多种方式开展村庄治理、改善村容村貌。利用园区信息化优势，推进所在地及周边乡村区域的农业信息化建设，向农户提供农业综合信息服务；为农村循环经济发展、可再生能源开发、畜牧清洁生产、农业立体污染治理、农村环境卫生、农户健康生活以及农业农村相关产业链接，提供系列、配套的技术产品和科技服务。除此之外，2007年，水稻、小麦等重要农作物保险保费补贴试点在六个省（区）开展。350万农村劳动力得到了转移培训，在2万个村开展新型农民科技培训。农村义务教育经费保障机制改革全面实施，全国农村义务教育阶段的学生全部免除了学杂费，免费提供教科书，对家庭经济困难寄宿生提供生活补助，提高中小学公用经费和校舍维修经费补助标准，中央财政支出364.8亿元，地方财政也相应支出323亿元，使1.5亿学生和780万名家庭经济困难寄宿生受益。实施了新的家庭经济困难学生资助政策体系，扩大了资助比例，提高资助水平，通过助学金等形式对家庭经济困难的普通本科高校、高等和中等职业学校学生给予资助。新型农村合作医疗制度覆盖面扩大到全国86%的县，参合农民达7.3亿人。全国31个省份在不同范围内进行了农村综合改革，推进国有农场税费改革，减轻1856万农场职工负担62亿元，人均减负332元。稳步实施大湖区农民负担综合改革，共减轻大湖区2616万农民负担23亿元，人均减负89元。

2008年

2008年，中央财政用于“三农”的支出为5955.5亿元人民币，比上年增加1637.2亿元，增幅为37.9%。其中支援农村生产支出和各项农业事业费2260.1亿元，粮食、农资、良种、农机具购置补贴1030.4亿元，农村社会事业发展支出2072.8亿元。部分资金的投向见表2.3与图2.3。

表2.3　2008年部分中央财政支农资金投向

资金投向	资金数量（亿元）
农业基础设施建设支出	1137.6
农机具购置补贴	163.4
农业综合开发支出	127
财政扶贫开发	167.3
全面实行城乡免费义务教育	618.1
改善农村学校附属生活设施	53.1
资助家庭经济困难的学生	223
提高城乡低保对象补助水平	363.1
加强县乡基层医疗卫生服务设施建设，配备基本医疗设备	66
落实退耕还林、退牧还草政策	499.6
实施主要农产品临时收储政策	461.69
家电下乡试点补贴	20
农村公路建设	492

资料来源：根据2009年《中国农村统计年鉴》整理。

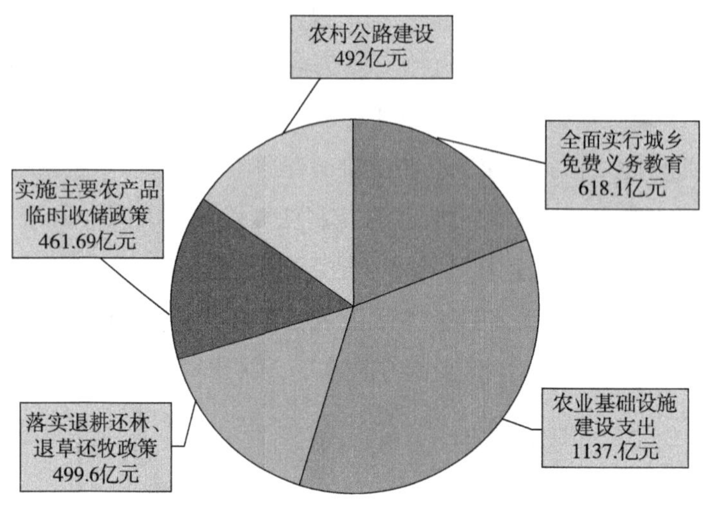

图 2.3　2008 年部分中央财政支农资金投向

资料来源：同表 2.3。

2008 年，水稻良种补贴实现全覆盖，晚稻良种补贴标准比上年提高 1 倍多，小麦、玉米良种补贴面积分别增加了 1 倍、5.7 倍，惠及 7.28 亿农民。支持三次较大幅度提高粮食最低收购价，提价幅度超过 20%。家电下乡试点扩大到 12 个省份，农机具购置补贴范围扩大到所有农业县。当年加强了大中型水库建设、大江大河的治理，对 2505 座大中型和重点小型病险水库进行了除险加固，解决 4800 多万农村人口的饮水安全问题。支持改造了中低产田 2500 万亩，增加粮食综合生产能力 286.6 万吨。测土配方施肥从 1200 个县扩大到 1861 个县。种植业保险保费补贴试点省份由 6 个扩大到 16 个，累计参保农户达到 7500 万户。财政扶贫开发重点用于农村贫困地区基础设施建设、产业发展和农村贫困劳动力培训。中央财政森林生态效益补偿基金支持的重点公益林扩大到 7 亿亩。提高了农村义务教育经费保障水平，免费提供农村义务教育阶段国家课程教科书，增加北方农村中小学取暖费。加强新农村卫生新校园和中西部地区初中校舍建设，中西部地区农村学校附属生活设施得到了明显的改善，普通本科高校、高等和中等职业学校家庭经济困难学生得到了资助。2008 年，国家向中等职业学校中来自城市经济困难家庭和农村的学生提供了每人每年 1500 元的助学金，惠及 90% 的在校生。全面建立了新型农村合作医疗制度，参合人数达到 8 亿多；中央财政全面加强城乡居民最低生活保障制度建设，分别于 2008 年 1 月 1 日和 7 月 1 日两次按月人均城市 15 元、农村 10 元的标准提高城乡低保对象补助水平，补助支出达到 363.1 亿元。对中西部地区补助标准提高到每人每年 40 元，并给予东部地区适当补助。加大城乡医疗救助力度，支出 34 亿元，资助城乡低保对象、五保户等困难人群参保，减轻医疗负担。将农村孕产妇住院分娩补助政策覆盖范围扩展到中西部所有地区，中、西部地区中央财政补助标准分别提高到每人 300 元、400 元。农村电影放映补贴扩大到中西部所有行政村。支持中西部地区 46434 行政村配备农村适用图书，并对东部地区农家书屋工程开展好的省份给予奖励。加大对农村公路建设的支持力度，新建、改建 39.1 万公里农村公路。

2009 年

2009 年，中央财政用于“三农”的支出为 7253.1 亿元人民币，比上年增加 1297.6 亿元，增幅为 21.8%。当年增幅在连续两年超 30% 以上的增长之后，增速有所放慢，但绝对数仍处在较高水平。其中支援农村生产支出和各项农业事业费 2679.2 亿元，粮食、农资、良种、农机具购置补贴 1274.5 亿元，农村社会事业发展支出 2723.2 亿元。部分资金的投向见表 2.4 与图 2.4。

表 2.4　2009 年部分中央财政支农资金投向

资金投向	资金数量（亿元）
农业基础设施建设	1168.7
良种与农机具购置补贴	1123.5
推动现代农业发展	65
农业综合开发投入	165
农业保险保费补贴	59.7
农村扶贫补助	197.3
农村义务教育经费保障支出	666.1
农村义务教育“普九”债务偿还	493

续表

资金投向	资金数量（亿元）
农民工随迁子女就学补助	51.7
城乡低保补助	540.85
游牧民定居工程	23
农村危房改造试点	40
农村公路建设补助	620
实施天然林保护工程	466.36
家电、汽车、摩托车下乡	320
完善农村流通体系	76
村级公益事业建设	600

资料来源：财政部：《关于2009年中央和地方预算执行情况与2010年中央和地方预算草案的报告》，2010年3月5日。

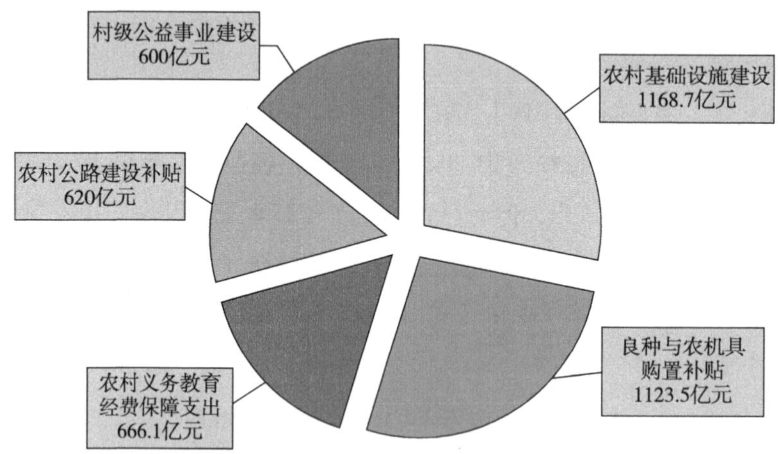

图2.4　2009年部分中央财政支农资金投向

资料来源：同表2.4。

2009年，国家继续完善农资综合补贴动态调整机制，水稻、小麦、玉米、棉花良种补贴实现了全国全覆盖，大豆良种补贴在东北地区全面实施，并首次启动了马铃薯原种补贴试点，农机具购置补贴覆盖所有的农牧业县，测土配方施肥补贴范围扩大到所有农业县。为推动现代农业发展，深度进行农业综合开发，中央财政大量投入资金支持改造中低产田，建设高标准农田 2660 万亩，增加粮食综合生产能力 327. 3 万吨。农业保险在政府提供保费补贴的情况下，累计参保农户达到 1. 27 亿户次。当年扶贫标准提高，对农村低收入人口全面实施扶贫政策，覆盖扶贫对象 4007 万人。南水北调等重大水利工程建设稳步推进，除险加固了 3970 座大中型和重点小型病险水库，实施农村饮水安全工程，6069 万农民从中受益。当年全国近 1. 5 亿名农村义务教育阶段学生全部享受免除学杂费和免费教科书政策，中西部地区约 1120 万名农村义务教育阶段家庭经济困难寄宿生获得生活费补助。国家安排专项资金，支持解决 880 万农民工随迁子女的就学问题，对符合当地政府接收条件的全部免除学杂费、借读费。启动全国中小学校舍安全工程，改造校舍 1. 2 亿平方米。加强职业教育实训基地等建设，对约 426 万名中等职业学校农村家庭经济困难学生和涉农专业学生免除学费。支持 2. 9 万所乡镇卫生院、5000 所中心乡镇卫生院建设，建立完善城乡基本公共卫生服务经费保障机制，新型农村合作医疗参合人数达到 8. 3 亿人。在 320 个县开展新型农村社会养老保险试点。分别按月人均 15 元、10 元增加城乡低保补助资金，支出 540. 85 亿元。推进少数民族地区游牧民定居工程，使 9. 2 万户游牧民实现定居，支出 23 亿元。扩大农村危房改造试点，补助 40 亿元，80 万户农村居民受益。农家书屋、广播电视村村通等重点文化惠民工程顺利实施，继续实施粮食直补，支出 151 亿元，支持大幅度提高粮食最低收购价，补贴利息费用 99 亿元。实施家电、汽车摩托车下乡以及家电、汽车以旧换新政策，家电下乡产品销售达 3450 万台。促进商贸流通服务业发展，完善农村流通体系，支出 76 亿元。实施天然林保护工程，巩固退耕还林成果，推进草原生态保护，国家级公益林扩大到 10. 49 亿亩。在 1465 个村庄开展农村环境综合整治和生态示范创建。提高中西部民族地区、边疆地区、贫困地区农村公路建设补助标准，新建和改造农村公路 38 万公里，支出 620 亿元。村级公益事业建设一事一议财政奖补试点范围扩大到 17 个省份，带动村级公益事业建设总投入 600 多亿元，2. 6 亿农民受益。

2010 年

2010 年，中央财政用于“三农”的支出为 8579.7 亿元人民币，比上年增加 1326.6 亿元，增幅为 18.3%。其中支援农村生产支出和各项农业事业费 3427.3 亿元，粮食、农资、良种、农机具购置补贴 1225.9 亿元，农村社会事业发展支出 3350.3 亿元。部分资金的投向见表 2.5、图 2.5。

表 2.5　2010 年部分中央财政支农资金投向

资金投向	资金数量（亿元）
农村公路建设	1512
农业农村基础设施建设支出	1352
农机购置补贴	1074.9
完善农村义务教育经费保障机制	731.8
实施中等职业学校国家助学金政策	209.09
基层医疗卫生服务体系建设	225
农村社会养老保险试点补助	120
城乡低保补助	633.01
林业重点工程和草原生态建设	468.06
家电、汽车下乡及以旧换新	403.58
农业综合开发支出	192
推动优势特色和安全高效农业发展	114
支持贫困地区发展特色优势产业	260
粮食直补最低价收购补助	260
村级公益事业建设	102.67
新农村现代流通服务网络建设	81
国家级公益林补助	75.81

资料来源：财政部：《关于 2010 年中央和地方预算执行情况与 2011 年中央和地方预算草案的报告》，2011 年 3 月。

2010 年，国家继续加大农业农村基础设施建设支出，完成了第一轮病险水库除险加固 3 年规划任务，启动了第二轮重点小型病险水库除险加固，新增 450 个县实施小型农田水利重点县建设，推进大中型灌区续建配套节水改造等重点工程以及农村电网改造。村级公益事业建设一事一议财政奖补试点范围扩大到 27 个省份，支出 102.67 亿元，5.3 亿农民受益。中央

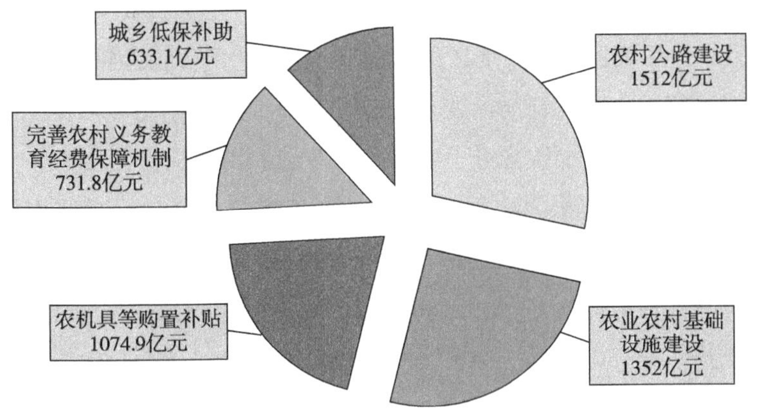

图2.5　2010年部分中央财政支农资金投向

资料来源：同表2.5。

财政森林生态效益补偿基金支持的国家级公益林扩大到10.49亿亩，支出75.81亿元。在8个省份约4100个村庄推进农村环境连片整治示范工作，改善农村生活环境。巩固退耕还林、退牧还草成果，推进林业重点工程和草原生态建设，新建、改造30万公里农村公路。实施粮食直补支出151亿元。提高粮食最低收购价，补贴利息费用109亿元。继续实施家电汽车下乡以及家电、汽车以旧换新政策，补贴403.58亿元。推进新农村现代流通服务网络工程建设，促进商贸流通服务业发展，支出81亿元。农村义务教育经费保障机制继续完善，全国1.3亿名农村义务教育阶段学生全部享受免除学杂费和免费教科书政策，中西部地区约1228万名农村义务教育阶段家庭经济困难寄宿生获得了生活费补助。落实了农村义务教育薄弱学校改造计划，全面清理化解农村义务教育债务。将普通高中家庭经济困难学生纳入国家资助政策体系，加强职业教育基础能力建设，继续实施中等职业学校国家助学金政策，免除了440万名中等职业学校家庭经济困难学生和涉农专业学生学费。加强乡镇综合文化站、农家书屋、农村电影放映等重点文化惠民工程建设，丰富农村文化生活。进一步提高城乡医疗救助水平，补助94亿元。加强基层医疗卫生服务体系建设，全国新型农村合作医疗参合人数达到8.35亿人，新型农村社会养老保险试点覆盖面达到24%。

提高城乡低保补助标准以及优抚对象人员抚恤和生活补助标准，支出215.62亿元[①]。切实保障受灾地区群众的基本生产生活，适当提高因灾农户倒损住房恢复重建中央补助标准，支出137.69亿元。对返乡农民工等实施特别职业培训计划。加快推进了农村危房改造和游牧民定居工程，中央财政保障性安居工程支出764.86亿元，比上年增长38.9%。落实农资综合补贴动态调整机制，农作物良种补贴覆盖地域和品种范围进一步扩大，农机购置补贴范围增加到12大类180个品目。促进农业科技成果转化和先进适用农业技术推广应用，扶持农民专业合作组织发展，推动优势特色和安全高效农业发展。当年改造中低产田、建设高标准农田2411.72万亩，增加粮食综合生产能力311.2万吨。农业林业保险保费补贴支出67.77亿元，累计参保农户达到1.3亿户次。创新财政扶贫开发机制，支持贫困地区发展特色优势产业，补助资金260亿元，覆盖扶贫对象3597万人。

2006年至2010年是我国“十一五”规划的5年，按照2006年中央一号文件的要求，国家财政支农资金、国债和预算内资金等几个渠道对三农的投入都要高于上年，称为“三个高于”。随后几年中，从“三个高于”到“三个继续高于”，再到“三个明显高于”“三个大幅度增加”和“确保三个优先”，目的就是逐步建立财政支农资金稳定增长的机制。新农村建设前的2005年，中央财政支农支出为2450.3亿元，到2010年，这个数字为12387.6亿元，比2005年高出9937.3亿元，增幅达405.6%，支农支出占全国财政支出的比例也从7.2%上升到9.8%。2006—2010年，中央财政累计支农支出52164.9亿元，超过过去任何一个时期，创历史新高。具体情况及主要投向见表2.6、表2.7与图2.6。

① 根据财政部报告，城乡数据综合反映没有单独列出农村数据。

表 2.6　2006—2010 年新农村建设以来全国财政收支与农业收支

	全国财政收入（亿元）	全国财政支出（亿元）	支农支出（亿元）	所占比重
2005 年	31649.3	33930.3	2450.3	7.2%
2006 年	38760.2	40422.7	3173.0	7.9%
2007 年	51321.8	49781.4	4318.3	8.7%
2008 年	61330.4	62592.7	5955.5	9.5%
2009 年	68518.3	76299.9	7253.1	9.5%
2010 年	83101.5	89874.2	8579.7	9.5%

资料来源：2011 年《中国农村统计年鉴》。

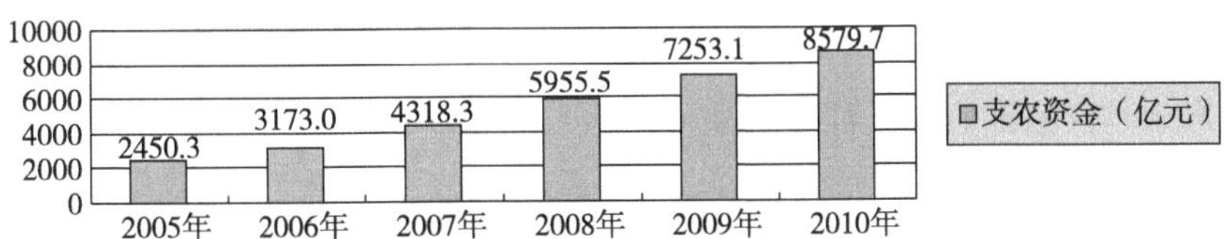

图 2.6　2006—2010 年全国财政支农资金情况

资料来源：同表 2.6。

表 2.7　2006—2010 年财政支农支出主要投向　　单位：亿元

	支援农村生产支出和各项农业事业费	粮食、农资、良种、农机具体化项补贴	农村社会事业发展支出
2005 年	1792.4	—	—
2006 年	2161.4	—	—
2007 年	1801.7	513.6	1415.8
2008 年	2260.1	1030.4	2072.8
2009 年	2679.2	1274.5	2723.2
2010 年	3427.3	1225.9	3350.3

资料来源：2011 年《中国农村统计年鉴》。

五年来，得益于大量财政资金的支持，粮食主产区投入大量增加，优质粮食产业工程顺利实施。各地加快了农业科研和技术推广，加强了农田水利和生态建设，坚持粮食最低收购价政策，“四项补贴”政策取得了显著效果。除粮食直接补贴、良种补贴、农机具购置补贴外，农民还得到了农资综合直补。有效保护了其发展农业生产的积极性。

截至2010年9月底，在工商部门登记的农业合作社34.3万家，入社农户2800万左右，约占全国农户总数的11%。其中种植业40.4%，畜牧业30.9%。业务内容从过去信息服务拓展到农资供应、农技推广、土肥植保、加工、储藏和销售服务等，服务能力不断增强，推进了农业专业化和标准化、规模化和品牌化的经营。4万多家合作社实施了农产品生产质量安全标准，2.4万余家合作社通过了农产品的质量认证。在推进农业品牌化经营方面，全国有2.56万家合作社设有注册商标，1.1万家合作社与超市和流通企业建立了产销关系，实现了对接，其中农业部直接帮扶实现农超对接的合作社有2000多家。一些合作社成为北京奥运会、上海世博会和广州亚运会的供应商，部分产品出口到东南亚国家。

二、2011—2015年

2011年

2011年是我国“十二五”规划的第一年，国家对新农村建设的支持力度仍然保持在较高水平。当年中央财政用于“三农”的支出为10497.7亿元人民币，比上年增加1918亿元，增幅为22.4%。其中支援农村生产支出和各项农业事业费4089.7亿元，粮食、农资、良种、农机具购置补贴1406亿元，农村社会事业发展支出4381.5亿元。

2011年，农业农村基础设施建设支出1398.78亿元，推进了1250个小型农田水利重点县建设，支持1100个县开展山洪地质灾害防治，提前完成重点小型病险水库除险加固任务，治理1239条中小河流。完善农资综合补贴动态调整机制和农业保险保费补贴政策，稳定农作物良种补贴政策，进一步扩大农机购置补贴范围，支出1351.3亿元。加大农业技术推广力度，推动现代农业和农民专业合作组织发展，支出163亿元。改造中低产田、建设高标准农田2428.7万亩，支出230.12亿元。在主要牧区省份建立草原生态保护补助奖励机制，支出136亿元。构建财政综合扶贫政策体系，支持集中连片特殊困难地区扶贫攻坚，补助314.1亿元。建成村级公益事业一事一议财政奖补项目34万个，有序推进公益性乡村债务化解试点，支出183亿元。在17个省份约1万个村庄开展农村环境连片整治示范，实施天然林资源保护二期工程，巩固退耕还林、退牧还草成果，支出474.56亿元。新改建农村公路19万公里，支出2199.21亿元。全额取消粮食主产区粮食风险基金地方配套并解决粮食风险基金缺口，落实粮食直补政策，支出320.33亿元。稳步提高小麦、稻谷最低收购价，实施油菜籽、大豆等临时收储政策，增加石油、有色金属等重要物资储备，支出450.23亿元。当年支持中西部地区和民族地区发展农村学前教育，支出101.3亿元。完善农村义务教育经费保障机制，支出859.1亿元，农村中小学公用经费年生均基准定额提高100元，全国所有农村义务教育学生全部享受免除学杂费和免费教科书政策，1228万名家庭经济困难寄宿生获得资助，2600万名学生得到营养膳食补助。实施农村义务教育薄弱学校改造计划，支出186.81亿元。支持1167万名农民工随迁子女在城市接受义务教育，支出77亿元。加强职业教育基础能力建设，免除395万名中等职业学校家庭经济困难学生和涉农专业学生学费，支出133.98亿元。将新型农村合作医疗财政补助标准由每人每年120元提高到200元，补助766.55亿元。将城乡居民年人均基本公共卫生服务经费标准由15元提高到25元，加大城乡医疗救助力度，支出114.83亿元。新型农村和城镇居民社会养老保险覆盖面扩大到60%以上地区，对60周岁及以上居民发放养老金，补助196亿元。对全国城乡低保对象、农村五保供养对象等8600多万名困难群众发放生活补贴，补助311亿元。将农村最低生活保障标准由月人均117元提高到135元。

2011年，管理部门总结了上一个五年期支农资金管理中的经验教训，细化了支出科目。当年中央财政安排良种补贴220亿元。水稻、小麦、玉米、棉花、东北和内蒙古的大豆、长江流域10个省市和河南信阳、陕西汉中和安康地区的冬油菜、藏区青稞实行全覆盖，马铃薯、花生在主产区开展试点。小麦、玉米、大豆、油菜、青稞每亩补贴10元。其中，新疆地区的小麦良种每亩补贴 15 元，水稻、棉花每亩补贴 15 元；马铃薯微型薯每粒补贴 0. 1 元，一、二级种薯每亩补贴 100 元；花生良种繁育每亩补贴 50 元、大田生产每亩补贴 10 元。水稻、玉米、油菜补贴采取现金直接补贴方式，小麦、大豆、棉花可采取现金直接补贴或差价购种补贴方式，具体由各省按照简单便民的原则自行确定。用于奖励受国务院表彰的粮食生产突出贡献的粮食主产省和粮食大县 36 亿元。依据粮食商品量、产量、播种面积各占 50%、25%、25% 的权重，结合地区财力因素，将奖励资金直接“测算到县、拨付到县”。安排奖励资金 32. 5 亿元，专项用于发展生猪生产和产业化经营。依据生猪调出量、出栏量和存栏量权重分别为 50%、25%、25% 进行测算，当年奖励县数 500 个，平均每个大县奖励 500 万元；畜牧良种补贴资金 11. 9 亿元，生猪良种补贴为每头能繁母猪 40 元。奶牛良种补贴标准为荷斯坦牛、娟姗牛、奶水牛每头能繁母牛 30 元，其他品种每头能繁母牛 20 元。肉牛良种补贴标准为每头能繁母牛 10 元，羊良种补贴标准为每只种公羊 800 元，牦牛种公牛补贴标准为每头种公牛 2000 元。渔业油价补贴 171. 65 亿元，是国家至此为止对渔业最大的一项扶持政策；安排专项资金 10 亿元，在全国建设高产创建万亩示范片 5000 个；安排 5 亿元，在全国选择了基础条件好、增产潜力大的 50 个县（市）、500 个乡（镇），开展整乡整县整建制推进粮食高产创建试点。为推进全国鲜活农产品市场供应，降低流通费用，从 2010 年 12 月 1 日起，全国所有收费公路全部纳入鲜活农产品运输“绿色通道”网络范围，对整车合法装载运输鲜活农产品车辆免收车辆通行费，引导鲜活农产品运输车辆优先快速通过；为保护草原生态，促进牧民增收，从 2011 年起，国家在内蒙古、新疆、西藏、青海、四川、甘肃、宁夏和云南等 8 个主要草原牧区省（区）和新疆生产建设兵团投入中央财政资金 136 亿元，全面建立草原生态保护补助奖励机制。中央财政按照每亩每年 6 元的测算标准对牧民给予禁牧补助，初步确定 5 年为一个补助周期；投资 43 亿元补助建设农村沼气，新增沼气用户 280 万户，补助标准平均提高 32. 5%，投入 10 亿元建设基层农技推广体系项目，连同 2010 年的 2 亿元投资，共支持改善了 8243 个乡镇农技推广机构设施条件。新型农村社会养老保险试点覆盖面达到60%以上，试点地区参保人数达3.26亿人。新型农村合作医疗财政补助标准为200元，参合人口达到8.32亿人。农村危房改造试点扩大，实施范围包括中西部地区全部县（市、区、旗）。补助对象重点是居住在危房中的农村分散供养五保户、低保户、贫困残疾人家庭和其他贫困户。中央补助标准为每户平均6000元，在此基础上对陆地边境县边境一线贫困农户、建筑节能示范户每户再增加2000元。当年农村危房改造完成265万户，比上年增加145万户。农垦危房改造69.8亿元，实施范围扩大到全国所有垦区，改造危房89.5万户。

2012年

2012年，中央财政用于“三农”的支出为12387.6亿元人民币，比上年增加1889.9亿元，增幅为18%。其中支援农村生产支出和各项农业事业费4785.1亿元，粮食、农资、良种、农机具购置补贴1643亿元，农村社会事业发展支出5339.1亿元。当年中央财政安排奖励资金35亿元，专项用于发展生猪生产，养殖环节病死猪无害化处理补助7.8亿元，畜牧良种补贴资金12亿元。农业防灾减灾稳产增产关键技术补助61亿元，主要包括在小麦主产区全面实行“一喷三防”补助，在东北地区实施水稻大棚育秧补助，在南方早稻主要产区实施早稻集中育秧补助，在东北启动抗旱“坐水种”补助，在西南实行玉米地膜覆盖种植补助，在西北地区推广全膜覆盖沟播种植和膜下滴灌补助，在粮食主产区实行农作物病虫害专业化统防统治补助等。安排资金20亿元，在全国建设12500个万亩示范片，并选择5个市（地）、50个县（市）、600个乡（镇）开展整建制推进高产创建试点。安排测土配方施肥专项资金7亿元，加快测土配方施肥技术推广普及，扩大配方肥推广应用，推进科学施肥技术进村入户到田。安排8亿元，通过技术物资补贴方式，鼓励和支持农民应用土壤改良、地力培肥技术，提升耕地质量。农作物病虫害防治补助资金5亿元，农产品产地初加工补助5亿元。草原生态保护补助奖励资金增加到150亿元，渔业资源保护与转产转业资金4亿元，其中用于水生生物增殖放流30600万元，海洋牧场示范区建设 8970 万元，减船转产 430 万元。

为支持“菜篮子”产品生产，中央财政安排 8 亿元支持 2067 个畜禽养殖场进行标准化改造，其中生猪养殖场 576 个，蛋鸡养殖场 477 个，肉鸡养殖场 227 个，肉牛养殖场 347 个，肉羊养殖场 440 个。安排 5 亿元支持 800 个蔬菜、140 个水果、60 个茶叶标准园创建，2 亿元支持 26 个省共 756 个水产健康养殖示范场，平均每个验收合格的示范场补助资金 25 万元，奖补资金 218 亿元。奖补范围主要包括农民直接受益的村内小型水利设施、村内道路、田间道路、环卫设施、植树造林等公益事业建设，优先解决群众最需要、见效最快的村内道路硬化、村容村貌改造等公益事业建设项目。

借助于中央财政的投入，2012 年，推进了 1250 个小型农田水利重点县建设，启动“节水增粮行动”，基本完成 7000 座小型病险水库除险加固和 2209 条中小河流 2. 75 万公里河段治理，支持 958 个县开展山洪灾害防治。扩大了农业保险保费补贴区域和品种，带动农业保险为 1. 83 亿户次农户提供风险保障 9006 亿元。改造中低产田、建设高标准农田 3003 万亩，新建续建中型灌区节水配套改造项目 235 个，新增和改善灌溉面积 2607 万亩。草原生态保护补助奖励政策覆盖全部国家确定的牧区半牧区县。村级公益事业建设一事一议财政奖补项目完成 37. 42 万个，支持 1. 2 万个村庄开展农村环境连片整治，新建改建农村公路 19. 4 万公里。实施天然林保护等林业重点工程，巩固退耕还林、退牧还草成果。对 3000 多万名农村义务教育学生实施营养改善计划，帮助 1260 万名农民工随迁子女在城市接受义务教育。继续对中等职业学校的农村（含县镇）学生、城市涉农专业学生和家庭经济困难学生免收学费，约 1596 万名学生受益。新型农村合作医疗的财政补助标准由每人每年 200 元增加到 240 元，医疗费用报销水平进一步提高。在村卫生室全面实施基本药物制度。加大城乡医疗救助力度，实现了新型农村居民社会养老保险制度的全覆盖。农村危房改造范围由中西部地区扩大到全国农村地区并提高中央财政补助标准，支持改造农村危房 560 万户。

2013 年

2013 年，中央财政用于“三农”的支出为 13799 亿元人民币，比上年增加 1411.4 亿元，增幅为 11.4%。其中支援农村生产支出和各项农业事业费 5426.83 亿元，粮食、农资、良种、农机具购置补贴 1700.55 亿元，农村社会事业发展支出 6051.12 亿元。为支持做好当年春耕备耕工作，2013 年 1 月，中央财政向各省（区、市）预拨农资综合补贴资金 1071 亿元，并要求通过“一卡通”或“一折通”兑付到种粮农民手中。安排 151 亿元，继续实行种粮农民直接补贴。良种补贴规定水稻、玉米、油菜采取现金直接补贴，小麦、大豆、棉花可采取现金直接补贴或差价购种补贴，具体由各省按照简单便民的原则自行确定。农机购置补贴范围继续覆盖全国所有农牧业县（场），补贴机具种类涵盖 12 大类 48 个小类 175 个品目，在此基础上各地最多可再自行增加 30 个品目。国家继续扶持专业大户、家庭农场和农民合作社等新型经营主体，实行新增补贴向专业大户、家庭农场和农民合作社倾斜政策。鼓励和支持承包土地向专业大户、家庭农场、农民合作社流转，发展多种形式的适度规模经营。鼓励有条件的地方建立家庭农场登记制度，明确认定标准、登记办法、扶持政策。国家继续在粮食主产区实行最低收购价政策，当年生产的小麦（三等）最低收购价提高到每 50 公斤 112 元，比 2012 年提高 10 元，提价幅度为 9.8%；早籼稻（三等）、中晚籼稻和粳稻最低收购价格分别提高到每 50 公斤 132 元、135 元和 150 元，比 2012 年分别提高 12 元、10 元和 10 元，提价幅度分别为 10.0%、8.0% 和 7.1%。当年支持改造中低产田、建设高标准农田 2795.4 万亩。支持北方地区规模化发展高效节水灌溉，开展东北四省区“节水增粮行动”。在 639 个县实施草原生态保护补助奖励机制，覆盖了全国 80% 以上的草原。新型农村合作医疗财政补助标准提高到每人每年 280 元，基本公共卫生服务经费标准提高到每人每年 30 元。大力支持中西部农村地区幼儿园建设，全国 1.2 亿名农村义务教育阶段学生全部享受免学杂费和免费教科书，中西部地区 1260 万名家庭经济困难寄宿生享受生活费补助。一些薄弱学校生活设施和办学条件进一步改善，农村义务教育阶段学生营养改善计划惠及3200万名贫困地区学生。支持1394万名农民工随迁子女在城市接受义务教育。按照每个行政村1万元的标准支持开展村级基层群众文化活动，支持完成266万户农村危房改造任务。

2014年

2014年，中央财政用于“三农”的支出为13489.1亿元，比上年增加778.6亿元，增幅为6.1%。其中农业支出5816.6亿元，林业支出1348.8亿元，水利支出3478.7亿元，南水北调支出69.6亿元，扶贫支出949亿元，农业综合开发支出560.7亿元，农村综合改革支出1265.7亿元[①]。

2014年1月，中央财政向各省（区、市）预拨了种粮直补资金151亿元，补贴资金原则上要求发放给从事粮食生产的农民，具体由各省级人民政府根据实际情况确定。预拨农资综合补贴资金1071亿元。根据化肥、柴油等农资价格变动，合理弥补种粮农民增加的农业生产资料成本。农作物良种补贴政策对水稻、小麦、玉米、棉花、东北和内蒙古的大豆、长江流域10个省（市）和河南信阳、陕西汉中和安康地区的冬油菜、藏区青稞实行全覆盖，并对马铃薯和花生在主产区开展试点。小麦、玉米、大豆、油菜、青稞每亩补贴10元。其中，新疆地区的小麦良种补贴15元，水稻、棉花每亩补贴15元，马铃薯一、二级种薯每亩补贴100元，花生良种繁育每亩补贴50元、大田生产每亩补贴10元。水稻、玉米、油菜补贴采取现金直接补贴方式，小麦、大豆、棉花采取现金直接补贴或差价购种补贴方式，具体由各省（区、市）按照简单便民的原则自行确定。农机购置补贴机具种类涵盖12大类48个小类175个品目，在此基础上各省（区、市）可在12大类内自行增加不超过30个其他品目的机具列入中央资金补贴范围。中央财政农机购置补贴资金实行定额补贴，即同一种类、同一档次农业机械在省域内实行统一的补贴标准。一般机具单机补贴限额不超过5万元。挤奶机械、烘干机单机补贴限额可提高到12万元，100马力以上大型拖拉机、高性能青饲料收获机、大型免耕播种机、大型联合收割机、水稻

① 因统计资料发生变化，此处与以前的情况有差别，具体见2016年《中国农村统计年鉴》。

大型浸种催芽程控设备单机补贴限额可提高到 15 万元，200 马力以上拖拉机单机补贴限额可提高到 25 万元；甘蔗收获机单机补贴限额可提高到 20 万元，广西壮族自治区可提高到 25 万元。大型棉花采摘机单机补贴限额可提高到 30 万元，新疆维吾尔自治区和新疆生产建设兵团可提高到 40 万元。不允许对省内外企业生产的同类产品实行差别对待，同时在部分地区开展农机深松整地作业补助试点工作。2014 年，国家继续在山西、江苏、浙江、安徽、山东、河南、新疆、宁波、青岛、新疆生产建设兵团、黑龙江省农垦总局开展农机报废更新补贴试点工作。补贴标准按报废拖拉机、联合收割机的机型和类别确定，拖拉机根据马力段的不同补贴额从 500 元到 1.1 万元，联合收割机根据喂入量（或收割行数）的不同分为 3000 元到 1.8 万元。提高了小麦、水稻最低收购价政策。把小麦（三等）最低收购价提高到每 50 公斤 118 元，比 2013 年提高 6 元，提价幅度为 5.4%。早籼稻、中晚籼稻和粳稻最低收购价格分别提高到每 50 公斤 135 元、138 元和 155 元，比 2013 年分别提高 3 元、3 元和 5 元，提价幅度分别为 2.3%、2.2% 和 3.3%。2014 年，中央财政安排产粮（油）大县奖励资金 351 亿元。奖励资金采用因素法分配，粮食商品量、产量和播种面积权重分别为 60%、20%、20%，常规产粮大县奖励标准为 500 万 ~ 8000 万元，奖励资金作为一般性转移支付，由县级人民政府统筹使用，超级产粮大县奖励资金用于扶持粮食生产和产业发展。安排资金 35 亿元，专项用于发展生猪生产，具体包括规模化生猪养殖户（场）圈舍改造、良种引进、粪污处理的支出，以及保险保费补助、贷款贴息、防疫服务费用支出等。投入资金 38 亿元，支持发展畜禽标准化规模养殖，投入畜牧良种补贴资金 12 亿元，主要用于对项目省养殖场（户）购买优质种猪（牛）精液或者种公羊、牦牛种公牛给予价格补贴。安排 20 亿元专项资金支持粮棉油糖高产创建和整建制推进试点，安排测土配方施肥专项资金 7 亿元，以配方肥推广和施肥方式转变为重点，免费为 1.9 亿农户提供测土配方施肥指导服务。安排 8 亿元专项资金，鼓励和支持农民运用土壤改良、地力培肥技术，促进秸秆等有机肥资源转化利用，提升耕地质量。安排 2340 万资金，依托“三园两场”“三品一标”集中度高的县（区）创建农业标准化示范县44个。安排4亿元资金，加大对示范区旱涝保收标准农田建设的支持力度。安排基层农技推广体系改革与建设补助项目26亿元，用于支持培育科技示范户，实施农技推广服务特岗计划，开展农技人员知识更新培训，建立健全县乡村农业科技试验示范网络，全面推进农业科技进村入户。当年国家完成农村危房改造任务约260万户。按照东、中、西部垦区每户补助6500元、7500元、9000元的标准，改造农垦危房24万户。同时按照中央投资每户1200元的补助标准，支持建设农垦危房改造供暖、供水等配套基础设施建设。

为奠定农村长远发展的制度基础，2014年中央1号文件提出：“推动农村集体产权股份合作制改革，保障农民集体经济组织成员权利，赋予农民对落实到户的集体资产股份占有、收益、有偿退出及抵押、担保、继承权，建立农村产权流转交易市场。”根据1号文件的要求，国家有关部门在新型集体经济组织主体地位、产权交易、股权的有偿退出和抵押、担保、继承等重大问题上开展了一系列的研究工作，明确了农村集体产权改革的总体思路、目标任务、工作重点、关键环节，为建立归属清晰、权能完整、流转顺畅、保护严格的农村集体产权制度，有效保障农民集体经济组织成员权利作了有益的探索。截至2014年底，全国1988个县（市、区）开展了农村土地承包经营权确权登记颁证工作。将新型农村社会养老保险和城镇居民社会养老保险整合为城乡居民基本养老保险制度，从2014年7月1日起，按月人均增加15元的标准发放。残疾军人、烈属、在乡红军老战士和老复员军人等优抚对象的抚恤和生活补助标准按上年基础提高20%以上。新型农村合作医疗财政补助标准提高到每人每年320元，从2014年11月起，将农村义务教育学生营养改善计划国家试点地区补助标准从每生每天3元提高到4元，惠及3200万名农村中小学生。支持文化遗产保护，开展327个传统村落保护试点，在13112个村开展环境连片整治，直接受益人口约1580万人。启动了黑龙江重点国有林区全面停伐试点。支持实施新一轮退耕还林还草500万亩。年末全国监测的609座大型水库蓄水总量3663亿立方米，比上年末蓄水量增加7.0%。全年完成造林面积

603 万公顷，其中人工造林 427 万公顷。林业重点工程完成造林面积 200 万公顷，占全部造林面积的 33.2%。

2015 年

2015 年，中央财政用于“三农”的支出为 16016.7 亿元，比上年增加 2527.6 亿元，增幅为 18.7%。其中农业支出 6390.5 亿元，林业支出 1600.8 亿元，水利支出 4757.3 亿元，南水北调支出 81.7 亿元，扶贫支出 1204.9 亿元，农业综合开发支出 591 亿元，农村综合改革支出 1390.5 亿元。

为保证 2015 年农业生产的正常运行，2014 年 10 月，中央财政即向各省（区、市）预拨农资综合补贴资金 1071 亿元，为合理弥补种粮农民增加的农业生产资料成本提供财力保证。安排补贴资金 140.5 亿元，继续实行种粮农民直接补贴。安排农作物良种补贴资金 203.5 亿元，对水稻、小麦、玉米、棉花、东北和内蒙古的大豆、长江流域 10 个省（市）和河南信阳、陕西汉中和安康地区的冬油菜、藏区青稞实行全覆盖，并对马铃薯和花生在主产区开展补贴试点。小麦、玉米、大豆、油菜、青稞每亩补贴 10 元。其中，新疆地区的小麦良种补贴 15 元；水稻、棉花每亩补贴 15 元。马铃薯一、二级种薯每亩补贴 100 元。花生良种繁育每亩补贴 50 元、大田生产每亩补贴 10 元。水稻、玉米、油菜补贴采取现金直接补贴方式，小麦、大豆、棉花可采取现金直接补贴或差价购种补贴方式，具体由各省（区、市）按照简单便民的原则自行确定。农机购置补贴政策在全国所有农牧业县（场）范围内实施，允许纳入《全国农机深松整地作业实施规划》的省份，在农机购置补贴资金中安排不超过补贴资金总量 15% 的金额用于在适宜地区实行农机深松整地作业补助。鼓励有条件的农机大户、农机合作社等农机服务组织承担作业补助任务，开展跨区深松整地作业等社会化服务。安排产粮（油）大县奖励资金 371 亿元，比上年增加 20 亿元。安排资金 234 亿元，用于支持粮食适度规模经营，重点向专业大户、家庭农场和农民合作社倾斜。安排 20 亿元专项资金支持开展粮棉油糖高产创建和粮食绿色增产模式攻关。在建设好高产创建万亩示范片的基础上，突出抓好 5 个市（地）、50 个县（市、区）、500 个乡（镇）高产创建整建制推进试点。同时，在60个县开展粮食绿色增产模式攻关试点。继续投入资金7亿元，深入推进测土配方施肥，投入水平与2014年相同。安排8亿元资金，鼓励和支持种粮大户、家庭农场等新型农业经营主体及农民还田秸秆，改良土壤，培肥地力。中央财政安排26亿元，用于支持基层农技推广体系改革，全面推进农业科技进村入户。2015年全新开展的一项工作是：出台了农产品质量安全县创建支持政策，安排8000万元财政补助资金，支持农产品质量安全县创建活动，补助资金重点用于制度创设、模式总结探索、人员培训等。安排7.8亿元资金，主要用于对村级防疫员承担的为畜禽实施强制免疫等基层动物防疫工作的劳务补助。安排6亿元转移支付资金，采取“先建后补”方式，按照不超过单个设施平均建设造价30%的标准实行全国统一定额补助，扶持农户和农民合作社建设马铃薯贮藏窖、果蔬贮藏库和烘干房等三大类18种规格的农产品产地初加工设施。实施区域为河北、内蒙古、辽宁、吉林、福建、河南、湖南、四川、云南、陕西、甘肃、宁夏、新疆等13个省（区）和新疆生产建设兵团。安排11亿元农民培训经费，继续大力实施新型职业农民培育工程，在全国4个整省、20个整市和500个示范县开展重点示范培育，围绕主导产业开展农业技能和经营能力培训，加大对专业大户、家庭农场经营者、农民合作社带头人、农业企业经营管理人员、农业社会化服务人员和返乡农民工的培养培训力度。

2015年，国家继续推进农村集体产权制度改革。一是按照中央审议通过的《积极发展农民股份合作赋予农民对集体资产股份权能改革试点方案》的要求，指导试点地区重点围绕保障农民集体经济组织成员权利，积极发展农民股份合作，赋予农民对集体资产股份占有、收益、有偿退出及抵押、担保、继承权等三方面开展试点工作。二是按照中央审议通过的《关于农村土地征收、集体经营性建设用地入市、宅基地制度改革试点工作的意见》，指导试点地区重点围绕完善农村土地征收制度、建立农村集体经营性建设用地入市制度、改革完善农村宅基地制度和建立兼顾国家、集体、个人的土地增值收益分配机制等内容开展试点工作。三是贯彻落实《国务院办公厅关于引导农村产权流转交易市场健康发展的意见》，指导各地健全交易规则，完善运行机制，加强交易服务，实行公开交易，促进农村产权流转交易顺利进行。四是抓紧研究制定农村集体产权制度改革指导性文件，进一步明确改革的主要目标、基本原则，提出改革的主要任务，研究出台有关财政、税收、金融、土地等多方面扶持产权制度改革和发展集体经济的政策。

不足之处是，2015 年国家最低收购价政策保持 2014 年水平不变，小麦（三等）最低收购价格每 50 公斤 118 元，早籼稻（三等，下同）、中晚籼稻和粳稻最低收购价格分别为每 50 公斤 135 元、138 元和 155 元，在货币超发隐性通货膨胀严重、生产成本提高的背景下，农民难以实现收入的有效增长。

表 2.8　2011—2015 年国家财政用于农林水各项支出　　单位：亿元

	2011 年	2012 年	2013 年	2014 年	2015 年
总额	9658.8	11554.3	12710.5	13489.1	16016.7
农业	4291.2	5077.4	5561.6	5816.6	6390.5
林业	876.5	1019.2	1204.3	1348.8	1600.8
水利	2602.8	3271.2	3338.9	3478.7	4757.3
南水北调	68.9	45.9	95.6	69.6	81.7
扶贫	545.3	690.8	841.0	949.0	1204.9
农业综合开发	386.5	462.5	521.1	560.7	591.0
农村综合改革	887.6	987.3	1148.0	1265.7	1390.5

资料来源：2016 年《中国农村统计年鉴》。

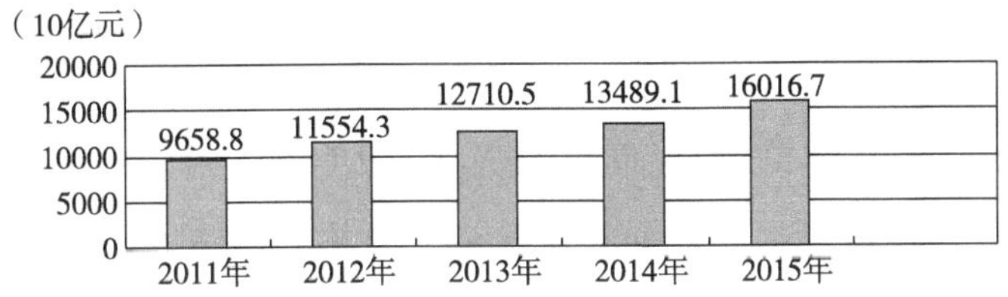

图 2.7　2011—2015 年中央财政支农资金投入情况

资料来源：2016 年《中国农村统计年鉴》。

第二节 新农村建设以来我国金融支农资金的运行情况

一、2006—2010 年

2006 年

为配合新农村建设工作的开展，2006 年 3 月，中国农业发展银行发文，确定了当年粮食企业收购贷款资格认定范围、标准。5 月上旬下发了《关于支持小麦购销防控信贷风险的紧急通知》，重点在防控风险。5 月中旬再与发改委、财政部联合下发《关于做好小麦购销工作稳定市场价格的通知》。要求各级行要强化封闭管理，加大收贷收息力度。2006 年 7 月，国务院扶贫办、财政部和中国农业银行联合下发了《关于深化扶贫贴息贷款管理体制改革的通知》（国开办发〔2006〕46 号），以下简称《通知》。根据《通知》精神，将原由中国农业银行统一下达指导性计划并组织发放贷款分为“到户贷款”和产业化扶贫龙头企业及基础设施等项目贷款两部分进行操作。到户贷款的对象为建档立卡的贫困农户，主要用于扶持其发展生产。贷款贴息资金全部下放到 592 个国家扶贫开发工作重点县，由县选择金融机构发放贷款并与其直接结算贴息。贷款所需资金由承贷金融机构自行筹集。期限由金融机构视实际生产周期自主确定，贴息 1 年。利率由金融机构根据央行规定的基准利率和浮动利率系数自主确定。中央财政在贴息期内按年利率 5% 的标准给予贴息。贴息方式可以是政府将资金直接贴给农户，也可以是将资金补偿给金融机构，具体方式由各县自主确定。项目贷款集中用于国家扶贫开发工作重点县和贫困村，重点支持对解决贫困户温饱、增加收入有带动和扶持作用的农业产业化龙头企业。当年在河北、黑龙江、江西、湖北、重庆、云南、陕西和甘肃 8 省（市）开展项目贷款贴息资金下放到省试点，由试点省选择承贷金融机构。贷款执行年利率3%的优惠利率，优惠利率与央行公布的一年期贷款利率之间的利差，由省政府贴息。贴息方式可以是政府将资金直接贴给项目实施单位，也可以是将资金补贴给金融机构，具体方式由各地自主确定。其他省市的项目贷款仍由农业银行承担，由财政部和农行结算贴息。贷款执行年利率3%的优惠利率。贴息方式是政府将3%与央行一年期贷款利率的差额补偿给农业银行。2006年，国家在已有4省8县建立“奖补资金”推进小额贷款到户试点的基础上，增补了河北、湖南、云南、广西4省（区）相继开展试点工作。将部分中央财政扶贫资金作为“奖补资金”，用于贫困户贷款的利息补贴、亏损补贴或奖励。通过机制创新，有效激励了各利益主体参与信贷扶贫的积极性。截至2006年底，累计发放到户贷款1.16亿元，覆盖贫困村1211个（其中2006年覆盖贫困村976个），扶持贫困户18087户（其中2006年扶持贫困户8964户），到户贷款占当地扶贫贷款的比例比试点前平均提高50个百分点左右。

2006年12月22日，中国银监会出台了《关于调整放宽农村地区银行业金融机构准入政策更好支持社会主义新农村建设的若干意见》（以下简称《意见》），允许境内外银行资本、产业资本和民间资本到农村地区投资、收购、新设以下各类银行业金融机构：一是新设村镇银行；二是可以发起成立社区性的信用合作组织；三是商业银行可以成立“只贷不存”的贷款子公司。此举彻底打破了民间资本不能从事银行类金融业务的惯有政策障碍，《意见》大幅度调低了注册资本限制：设立县级和乡级的村镇银行注册资本分别只有300万元和100万元；设立乡级和村级的信用合作组织，注册资本分别只需要30万元和10万元。首先在内蒙古、四川、吉林等六个省区开展试点。为配合、推动农户小额信用贷款业务的开展，组织开展了信用户、信用村、信用乡（镇）创建与评定工作。进一步推动建立电子化的农户信用档案和信用评价系统，加强征信知识宣传与教育，规范农户信用指标体系，扩大对农户家庭成员、财产、经营、收入等定量信息的采集，逐步探索建立一套符合当地实际情况的便捷、有效的农户信用评价方式方法，为建立健全农村地区“守信激励、失信惩戒”机制，改善农村金融基础服务做好基础性工作。

2007 年

2007 年 1 月 29 日，银监会继续发布了《村镇银行组建审批工作指引》等六个文件，对如何组建村镇银行等新型农村银行业金融机构的工作程序进行详细解释。当年中央财政拨付试点地区农村信用社保值贴补利息资金 29.31 亿元，并将试点地区的所得税减免政策延长 3 年，帮助农村信用社逐步化解历史包袱，增强发展后劲，更好发挥社会主义新农村建设生力军的作用。2 月，国务院召开全国金融工作会议，提出农村金融改革总的要求是，加快建立健全适应“三农”特点的多层次、广覆盖、可持续的农村金融体系，包括构建分工合理、投资多元、功能完善、服务高效的农村金融组织体系，较为发达的农村金融市场体系和业务品种比较丰富的农村金融产品体系，显著增强为“三农”服务的功能。中国人民银行在支付结算工作中，始终把解决农村信用社“支付结算难”问题放在特别突出的位置，采取了一系列措施增加农村信用社支付结算手段、提高其支付服务能力：一是吸收符合条件的农村信用社加入大额支付系统和小额支付系统，使广大农村地区享受到现代化支付系统提供的多层次、低成本的支付清算服务。二是批准设立农村信用社资金清算中心，专门办理农村信用社汇兑和银行汇票清算业务，进一步拓宽了农村信用社支付结算渠道、增强其结算功能。三是推行代理制，鼓励商业银行代理农村信用社的支付结算业务，同时，广泛吸收农村信用社加入票据交换系统，创造条件使农村信用社能够开办银行汇票和商业汇票业务，拓展业务范围，增强其业务竞争力。四是协调各地农村信用联社加快开发和健全省内农村信用社通汇系统，增强农村信用社的结算功能。

与此同时，各涉农金融机构积极探索创新适合农村需求特点的金融产品。一是小额贷款。为缓解农民贷款难问题，新农村建设以来，农村信用社大力推广小额贷款业务，特别是农户小额信用贷款、联保贷款，取得良好的经济效果和社会反响。2007 年末，全国农村信用社农户贷款余额达到 1.16 万亿元，其中，农户小额信用贷款和联保贷款余额为 3000 多亿元，约占农户贷款的余额35%。二是创新农村信贷产品。部分地区试点了“合作组织+农户”的统一贷款方式，即组织农户建立农民专业合作经济组织，形成一定规模的合作经济，以合作组织为载体统一贷款，以解决农业生产组织化程度低，小生产与大市场矛盾突出的问题；有的地区推出了农村信用社、农户、龙头企业、保险公司和政府“五位一体”的综合服务方式。由龙头企业与农户签订购销合同，农村信用社负责提供贷款，保险公司承保，保险费由当地政府和农户双方按一定比例支付；还有的地方实施订单农业质押贷款，以订单农业购销合同的收款权为质押担保，贷款对象为年纯收入在2万元以上的种养殖大户。贷款期限与订单农业合同期限匹配，一般为3个月、6个月、1年等短期流动资金贷款。贷款额度每笔原则上不超过按订单农业合同金额的70%，每个农户贷款额度为1万元至10万元。

在金融支农领域，中国农业发展银行具有重要的地位。新农村建设以来，中国农业发展银行作为政策性银行，积极拓展业务领域，由过去单一支持粮棉油购销储业务，逐步形成以粮棉油收购贷款业务为主体，以农业产业化经营和农业农村中长期贷款业务为两翼，以中间业务为补充的多方位、宽领域的支农格局。2007年，中国农业发展银行信贷规模首次超过万亿元，年末贷款余额达到10224亿元，占全部金融机构涉农贷款余额的比重为16.7%；经营利润达到148.8亿元。并开展了以下主要业务：一是粮棉油收购。粮食收购量占当年商品量的60%左右，棉花的收购量占当年总产量的50%以上。二是粮棉油等主要农产品和主要农业生产资料储备体系建设。三是农业产业化经营、农业小企业发展、农业科技开发，推动农业结构调整。2007年，累计发放农业产业化龙头企业、加工企业和农业科技贷款1051亿元。四是农村基础设施建设。2007年对农村基础设施建设、农业综合开发、农村流通体系建设等领域总计投放贷款520.6亿元，其中，基础设施贷款446亿元，支持项目593个。

2007年初，中国邮政储蓄银行正式挂牌成立，开始按照商业化运作探索为农村服务的形式。邮政储蓄小额贷款业务于2007年在河南等七省

（市）试点，提供农户联保贷款、农户保证贷款、商户联保贷款、商户保证贷款等四项贷款业务，服务对象主要是县域内的农户、个体工商户和私营企业主等经济主体。当年中央财政首次对农业保险给予补贴，选择6省（区）的5种主要农作物开展试点。6省（区）主要农作物承保面积1.48亿亩，占试点地区播种面积的70%。同时，生猪和能繁母猪保险取得明显成效，2007年全国共承保能繁母猪3070万头，超过全国存栏总量的60%。截至2007年底，保险业开办的“三农”保险险种达160余种，保险公司服务网点基本覆盖了全国广大乡村，仅中国人寿、太平洋人寿和平安人寿三家寿险公司在县域地区的机构总数就达4380多个，拥有农村网点（含保险站、所）16087个，网点延伸到全国大部分自然村，并培养了一大批农村保险队伍。农业保险覆盖全国4980.85万（户次）农户。

表2.9　部分涉农金融业务创新品种

业务名称	业务描述	业务性质
小额信用	一次核定，余额控制，周转使用	小额信贷创新
信用互助	成立信用互助协会，会员联合担保，余额控制，周转使用	小额信贷创新
“公司+农户”“公司+协会+农户”	利用公司、协会、专业合作社等农业产业化组织开展综合金融服务	信贷担保创新
林木所有权抵押	合法持有“林权证”“果园证”的自然人以其林木所有权向林业部门申请评估，以林权等经营权作为抵押物申请贷款	抵押贷款创新
保险+合作社+信贷等模式	以政策性保险为支持，以合作社、专业协会等为平台，提供信贷服务	金融综合服务创新

资料来源：根据《中国农村金融服务报告：2008》整理。

为适应农村金融的需求，新型涉农金融机构逐步建立与发展。2007年末，已有包括村镇银行、贷款公司和农民互助合作社在内的31家新型农村金融机构开业，其中村镇银行19家，贷款公司4家，农民互助合作社8家。截至2007年末，三类新型农村金融机构股金共计3.06亿元，资产总额7.67亿元，累计发放贷款4.62亿元。2007年10月，经国务院批准，村镇银行扩大到全国31个省（区、市）。由于农村金融机构拥有更大的利率市场化空间，2007 年 12 月，7 家试点小额贷款公司发放贷款的加权平均利率为 22.62%，为调整后一年期贷款基准利率（7.47%）的 3.03 倍。利率的逐步放开，有利于农村金融机构根据成本覆盖风险原则，合理定价，实现自身财务可持续发展，加强对“三农”的金融支持。

表 2.10　中国县域金融服务网点情况

	2004 年	2005 年	2006 年
县域金融服务网点总数（个）	134073	128728	123974
其中：邮政储蓄网点数	23239	23468	23695
中国农业发展银行网点数	1555	1533	1517
中国农业银行网点数	16926	15511	13175
农村商业银行网点数	535	524	505
农村合作银行网点数	1800	2142	2515
农村信用社网点数	60869	55953	52089
证券公司机构网点数	664	680	711
期货公司机构网点数	15	15	23
保险公司机构网点数	11130	12548	14135
担保公司机构网点数	752	975	1365
典当行机构网点数	499	602	713
其他县域金融机构网点数	16089	14777	13531

资料来源：中国人民银行农村金融服务研究小组：《中国农村金融服务报告》，2008 年 9 月。

2007 年，全国县域金融服务网点为 12.4 万个，其中县域大型商业银行机构网点数 2.6 万个，从业人员 43.8 万人；中国农业银行县域网点数为 1.31 万个，占县域金融机构网点数的比重为 10.6%；农村信用社县域网点数为 5.2 万个，占县域金融机构网点数的比重为 41.5%。截至 2007 年底，全国已建立农户信用档案 7400 多万户，评定信用农户 5000 多万户，金融机构对已建立信用档案的 3900 多万农户累计发放贷款 9700 多亿元，贷款余额 4800 多亿元。

2008 年

2008 年 3 月，中国农业银行在甘肃、山东等 7 家省（区、市）分行选择部分二级分行开展“三农”金融事业部制改革试点。5月，中国银监会和中国人民银行联合下发《小额贷款公司试点指导意见》（银监发〔2008〕23号），进一步规范和明确了小额贷款公司的有关政策。认定小额贷款公司是以服务“三农”、支持农村经济发展为重点，为农户、个体经营者和微小企业提供小额贷款的机构。其资金来源为自有资金、捐赠资金或单一来源的批发资金形式，不吸收存款，不跨区经营，贷款利率由借贷双方自由协商。同月，《关于村镇银行、贷款公司、农村资金互助社、小额贷款公司有关政策的通知》（银发〔2008〕137号）出台，文件充分肯定了新型农村金融服务机构对改善农村金融服务的重要性，并从存款准备金、利率、支付清算、金融统计和监管报表等8个方面进行了规范，积极鼓励、引导和督促四类机构面向农村、服务“三农”，扎扎实实依法开展业务经营，在不断完善内控机制和风险控制水平的基础上，立足地方实际，为农村提供低成本、便捷、实惠的金融服务，而前期试点的邮政储蓄小额贷款业务也于2008年初在全国范围内推广。经国务院同意，2008年，农村扶贫贷款管理体制全面改革，扶贫贷款管理权限和贴息资金全部下放到省，其中到户贷款的管理权限和贴息资金全部下放到县，扶贫贷款的发放由任何愿意参与扶贫工作的银行业金融机构承担。中央继续保留扶贫贷款财政贴息每年5.3亿元预算资金规模，于年初下达到各省（区、市），各省（区、市）安排到户的贷款贴息资金不低于贴息资金总额的50%。扶贫贷款由实行固定利率3%改为固定贴息利率，其中到户贷款按年息5%、项目贷款按年息3%给予贴息。

2009年

2009年，中国银监会明确提出“两个不低于”的工作要求，即“支农贷款增速不低于贷款平均增速、增量不低于上年”。各家银行从产品创新入手，加大农村小额信用贷款、联保贷款等无抵押担保贷款的推广力度，实行差别化授信和分类政策，研发和引入适应于农村和农户实际的特色金融产品，全方位实施对于农村的信贷支持，支农服务力度明显加大。几家国有银行纷纷实施县域金融发展战略，通过设立村镇银行的形式进行金融服务下乡，为农村地区客户提供全方位服务。其他股份制银行和城市商业银行积极在农村地区筹建银行和小额贷款机构。

2009 年 3 月，财政部发布《关于开展县域金融机构涉农贷款增量奖励试点工作的通知》，从 2009 年起，对机构上年末涉农贷款余额增量超过 15% 部分，按 2% 给予奖励，但对上半年末不良贷款率同比上升的，不予奖励。同日，财政部还发布《关于实行新型农村金融机构定向费用补贴的通知》，对达到监管要求并实现上年末贷款余额同比增长的，2009 年至 2011 年由中央财政按照上年末贷款余额的 2% 给予补贴，其中要求村镇银行贷存比需大于 50% 。从当年已有的 140 多家村镇银行来看，绝大多数贷存比都已超过 50% ，几乎都可享受到此次补贴。当年各级财政向县域金融机构拨付涉农贷款奖励资金 8. 64 亿元，共带动金融机构增发涉农贷款 432 亿元，调动了社会资金投向“三农”的积极性。同时，中央财政拨付新型农村金融机构定向费用补贴 4189 万元，推动新型农村金融机构试点工作的开展。

作为农村金融的支柱，2009 年，中国农业银行重构了“三农”经营管理制度，在董事会层面组建了“三农”金融发展委员会，经营层面组建了“三农金融事业部管理委员会”，在全行各层级建立了垂直的条线型经营管理架构。在有效防控风险的前提下，充分发挥自身资金、网络、专业等优势，由过去单一支持粮棉油购销储业务，逐步形成了以粮棉油收购贷款业务为主体，农业产业化龙头企业贷款和新农村建设中长期贷款业务为两翼，中间业务为补充的多方位宽领域支农格局；作为农村金融的后起之秀，中国邮储银行以小额信贷为突破口，积极扩大涉农业务贷款品种和范围，通过通畅的业务渠道和众多的服务网点为农村地区居民提供方便、快捷的存取款和结算服务。2009 年，国内 42 家农商行资产规模达到 18661 亿元，增长超过 50% 。其中北京农商行、上海农商行、重庆农商行占据资产规模的前三甲。广州农商行、成都农商行、东莞农商行和顺德农商行资产规模均超过千亿元大关。按照实收资本规模上看，42 家农合行总实收资本为 572 亿元，广州、重庆、成都三家农商行则位于前三位。截至 2009 年末，银行业金融机构涉农贷款余额达到9.1万亿元，比2009年年初增长34.8%。其中，农户贷款余额2万亿元，比年初增长32.8%。

2010年

2010年5月，财政部与国家税务总局联合发布《关于农村金融有关税收政策的通知》①，为支持农村金融发展，解决农民贷款难问题，规定自2009年1月1日至2013年12月31日，对金融机构农户小额贷款的利息收入，免征营业税。对金融机构农户小额贷款的利息收入在计算应纳税所得额时，按90%计入收入总额。对保险公司为种植业、养殖业提供保险业务取得的保费收入，在计算应纳税所得额时，按90%比例减计收入。自2009年1月1日至2011年12月31日，对农村信用社、村镇银行、农村资金互助社、由银行业机构全资发起设立的贷款公司、法人机构所在地在县（含县级市、区、旗）及县以下地区的农村合作银行和农村商业银行的金融保险业收入减按3%的税率征收营业税②。

2010年5月，中国人民银行、中国银监会、中国证监会、中国保监会联合发出《关于全面推进农村金融产品和服务方式创新的指导意见》，在贷款方面重点开展以下工作：（1）大力发展农户小额信用贷款和农村微型金融。鼓励开发多样化小额信用贷款产品，努力满足农民多元化信贷需求、支持农民工返乡就业创业和大学生村干部创业富民。积极扩大农户小额信用贷款和农户联保贷款的覆盖面，着力研究和解决农村弱势群体的金融服务需求，让更多的农村中低收入人群能够享受到现代化金融服务。（2）有效满足发展现代农业和扩大农村消费的资金需求。对符合信贷条件的科研、农资、种养、加工、仓储、运输、营销等整个现代农业产业链和相关农村服务业贷款，加快审批，及时投放。多方面拓宽有实力、有条件的大型农业产业化龙头企业和农村专业合作组织的融资渠道，加大对跨国涉农贸易和农业投资、海外生产加工基地和营销网络建设的支持力度。

① 依据财税〔2011〕101号财政部 国家税务总局文件精神，本政策的执行期限延长至2015年12月31日。

② 银发〔2010〕198号文件。

（3）加强对农业农村基础设施建设的信贷支持。鼓励和引导银行业金融机构特别是政策性银行围绕农田水利基本建设、农业综合开发、统筹城乡发展、农业商品基地建设等重点领域，针对各类农村基础设施项目的信贷需求特点，创新涉农信贷管理模式，完善涉农信贷管理制度，切实加大信贷投放，积极提供多元化融资便利。（4）探索开展农村土地承包经营权和宅基地使用权抵押贷款业务。按照依法自愿有偿原则，在不改变土地集体所有性质、不改变土地用途和不损害农民土地承包权益的前提下，探索开展相应的抵押贷款试点。（5）积极推动和做好集体林权制度改革与林业发展金融服务工作。在加快完善集体林权制度改革配套制度建设的基础上，全面推进林权抵押贷款业务，探索多种贷款偿还方式，加快涉林信贷产品的开发研究，培育一批有市场竞争优势、产业关联度大、带动力强的林业品牌企业和品牌产品，提高林业产业规模化经营水平。

据中国银监会数据，2010 年末，涉农贷款余额为 117657.5 亿元，占总贷款额的 23.1%，比 2007 年同比增长了 28.9%。其中农林牧渔业贷款 23044.7 亿元，占贷款总额的 4.5%；农用物资和农副产品流通贷款 11830.4 亿元，占 2.3%；农村基础设施建设贷款 15617.4 亿元，占 3.1%；农产品加工贷款 6992.3 亿元，占 1.4%；农业生产资料制造贷款 3900.7 亿元，占 0.8%。

二、2011—2015 年

2011 年

2011 年，按照银监会统一部署，结合农村中小金融机构风险特点，大力化解历史存量风险，着力防范控制重点领域新增风险。2011 年 7 月，中国人民银行印发了《关于建立农村金融产品和服务方式创新专项监测报告制度的通知》（银办发 20111 －47 号）和《关于开展涉农信贷政策导向效果评估的通知》（银发 2011 －181 号），建立了按季度监测制度，加强对县域金融机构涉农信贷政策导向效果评估，全面提高信贷政策对“三农”的导向力。要求对历年挂亏继续增加的，要限制员工特别是高管人员薪酬，必要时责令更换高级管理人员；对存在历年挂亏的机构，要坚持先弥补、后分红的要求，并不得采取现金方式分红。对不良贷款余额大、占比高的机构，要采取多种方式加强清收，并通过增加担保主体、追加合格抵质押品等方式转化贷款形态。加大不良贷款真实性的检查力度，凡属于主动暴露的，在查明原因、落实责任的基础上，可给予一定容忍度；对发现的非主动暴露不良贷款，要实行严格问责。从2011年起，对农村中小金融机构拨备提取的监测考核，采取拨备覆盖率和贷款拨备率指标，按照拨备覆盖率达到100%和150%的标准计算拨备缺口，对差额部分，制定分年补提计划。加强人力资源建设。结合农村中小金融机构的特点，注重建立人才分类管理机制。既要本土化，充分发挥基层员工的优势，又要打破区域限制，根据业务发展和风险监管的要求，加快引进专业技术人员。针对支农服务特点，注重培育员工对三农的感情，提高员工对农业生产规律、农村经济、农村文化、农村金融业务特点的认识水平，增加农村生活经历的员工招聘比例。

到2011年底，作为农村金融主体之一的中国农业银行设有县域网点1.2万多个，占全行的54%；县域员工22万人，占全行的46%。全行涉农贷款余额1.68万亿元，比2007年（剔除剥离因素）增加约1.1万亿元，增幅超过100%。县域新增贷存比连续4年高于50%，基本实现了县域资金“取之于农、用之于农”，为现代农业发展、新农村建设和县域经济发展做出了积极贡献。县域不良贷款持续“双降”，2011年末已下降到1.98%的水平。截至2011年末，中国农业银行已累计发放惠农卡9822万张，覆盖全国7600万农户，覆盖率约35%。为716万农户提供了贷款授信，为299万农户发放小额贷款1051亿元。代理新农保、新农合共计1205个县，代理粮食直补、家电下乡补贴等其他项目共计310个。实现农民工银行卡特色服务交易663.7万笔，共计76.48亿元，占全国农民工卡交易的38.6%。中国农业银行还在全国20多个省市开办银行卡助农取现服务，设立助农取款服务点15.6万个，当年累计交易笔数221.3万笔，共计7.1亿元。全年累计投放农田水利建设贷款103.7亿元，年末贷款余额达644.5亿元。其中中国农业银行云南分行发放贷款12.6亿元支持清水海饮水供水和景洪多个居民饮水工程，改善600余万人饮水状况。四川分行累计向民族地区、贫困地区、革命老区投放小水电贷款150亿元。当年中国农业银行出台了《关于进一步支持小型和微型企业健康发展的政策措施》，提出帮助企业渡过难关的12项措施，降低小微企业的融资成本，并明确对出现暂时性资金困难的小微企业不压贷、不抽资，全力维持企业资金链安全，努力满足小微企业合理融资需求。截至2011年底，中国农业银行小微企业贷款客户数超过4.5万户，占全行法人贷款客户数的60%。小微企业贷款余额5752亿元，比年初增加1141亿元，增幅24.75%，其中县域小微企业贷款超过2400亿元。此外，中国农业银行个人助业贷款余额近1100亿元，惠及数十万小微企业主和个体工商户。

2012年

2012年，中国银监会发布了《关于实施金融服务进村入社区工程的指导意见》（银监办发2012－190号）《关于实施阳光信贷工程的指导意见》（银监办发2012－191号）和《关于实施富民惠农金融创新工程的指导意见》（银监办发2012－189号），引导农村中小金融机构启动“三大工程”，针对农村地区金融需求差异大、抵押担保物缺乏等特点，积极创新“量体裁衣”式的金融产品，运用微贷管理等技术，扩大小额信用贷款和联保贷款的覆盖面。围绕地方支柱行业、特色产业开发产业链信贷产品，创新适合农村客户需要的结算工具。加强与保险机构合作，鼓励以政府资金为主体设立的各类担保机构为涉农业务提供融资担保。在涉农企业直接融资方面，先后推出支持农业产业化发展的结构化中期票据和短期融资券等创新产品，针对涉农中小企业盈利能力不强、资信评级较低的特点，利用集合授信、打包发行等方式，推进涉农中小企业发行集合票据，探索研究涉农资产支持票据等适合涉农企业的新型债务融资工具。目前，在全国范围内较有影响的创新产品和服务包括：集体林权抵押贷款、大型农机具抵押贷款、农村特殊群体创业促就业的小额担保贷款、“信贷＋保险”产品。湖南耒阳油茶林权抵押贷款、吉林粮食涉农直补资金担保贷款、陕西订单农业和供应链融资、河南农村金融创新典型示范县建设、湖北咸宁“1+1”金融模式创新都做出了地方特色。

表 2.11　2012 年主要涉农金融机构相关情况

机构名称	机构数（家）	营业性网点数（个）	从业人员数（人）
农村信用社	1927	49034	502829
农村商业银行	337	19910	220042
农村合作银行	147	5463	55822
村镇银行	800	1426	30508
贷款公司	14	14	111
农村资金互助社	49	49	421

资料来源：中国银监会，2012 年。

根据中国人民银行发布的《中国农村金融服务报告（2012）》显示，截至 2012 年末，全部金融机构本外币农村（县及县以下）贷款余额为 14.5 万亿元，同比增长 19.7%，占各项贷款余额比重 21.6%，农户贷款余额为 3.6 万亿元，同比增长 15.9%，占各项贷款余额比重为 5.4%。农林牧渔业贷款余额为 2.7 万亿元，同比增长 11.6%，占各项贷款余额比重为 4.1%。全口径涉农贷款余额为 17.6 万亿元，同比增长 20.7%，占各项贷款余额比重为 26.2%。金融机构涉农贷款不良率 2.4%，同比下降 0.5 个百分点。农村信用社（含农村商业银行、农村合作银行）涉农贷款不良率 5.4%，比上年末下降 1.1 个百分点。

2012 年，农业保险覆盖面稳步扩大，从生产领域的自然灾害、疫病风险等逐步向流通领域的市场风险、农产品质量风险等延伸。开展农业保险业务的公司由试点初期的 6 家增至 25 家，适度竞争市场环境正逐步形成。当年享受财政保费补贴政策的农业保险保费规模达到 235.28 亿元，占总保费规模的 97.98%，财政补贴型险种有效地减轻了农民的保费负担水平。2012 年，共计向 2818 万农户支付赔款 148.2 亿元，对稳定农业生产、促进农民增收起到了积极的保障作用。在一些保险覆盖面高的地区，农业保险赔款已成为灾后恢复生产的重要资金来源。2012 年 1—12 月，全国农业保险保费收入240.13亿元，同比增长38%；为1.83亿农户提供风险保障9006亿元，承保户数同比增长8%，保险金额同比增长38%。

2013年

2013年，国家不断加大农村金融财税政策扶持力度。除了税收减免政策外，中央财政还对符合条件的村镇银行、贷款公司、农村资金互助社等3类新型农村金融机构，以及基础金融服务薄弱地区的金融机构网点，按照贷款平均余额的2%给予补贴，为此共拨付补贴资金41.05亿元。当年农村信用社改革试点全面启动，主要涉农银行业金融机构坚持服务“三农”的市场定位，按照建立现代农村金融制度的要求，不断推进涉农金融机构改革和创新，坚持下沉服务重心。农业银行“三农金融事业部”改革在治理机制、财务核算、风险管理等方面赋予一定独立性，试点范围扩大后，试点县支行的业务量及利润额占全行县支行业务量及利润额的比例从40%提升至80%左右，农村金融服务水平得到有效改善。在各项政策支持下，我国新型农村金融机构蓬勃发展，成为支农支小的生力军。截至2013年末，全国共有987家村镇银行开业，贷款余额3632亿元，同比增长55.8%，其中80%以上投向“三农”和小微企业。

2014年

2014年，中国银监会实施了基础金融服务“村村通”工程，印发了《关于推进基础金融服务“村村通”的指导意见》，引导和鼓励银行业金融机构用3～5年时间总体实现基础金融服务行政村全覆盖。通过设立标准化网点、开展简易便民定时定点服务、布设自助服务终端等多种服务形式，金融服务已覆盖52万个行政村。各涉农金融机构按照十八届三中全会、中央农村工作会议“赋予农民更多财产权利”精神，慎重稳妥地推进了农村承包土地的经营权和农民住房财产权抵押贷款试点工作，探索实现农民对农村集体资产股份的抵押、担保权能，促进农业生产规模化、农业现代化、农民增收和城乡统筹发展。积极指导试点地区做好粮食生产规模经营主体营销贷款业务，有效拓宽新型农业经营主体抵押担保物范围，确保现代农业加快发展。针对家庭农场、专业大户、农民合作社、产业化龙头企业等新型农业经营主体，积极推动金融产品、利率、期限、额度、流程、风险控制等方面的创新，合理调配信贷资源。进一步健全完善林权抵押登记系统，扩大林权抵押贷款规模。推广以农业机械设备、运输工具、水域滩涂养殖权、承包土地收益权等为标的的新型抵押担保方式。加强涉农信贷与涉农保险合作，将涉农保险投保情况作为授信要素，探索拓宽涉农保险保单质押范围。2014 年 11 月，中国农业发展银行改革实施总体方案正式完成，基本方向是进一步强化政策性职能，在农村金融体系中切实发挥出主体和骨干作用。中国邮政储蓄银行注重发挥网络覆盖全国、沟通城乡的优势，强化县域金融服务。国家开发银行发挥开发性金融支农作用，在促进农村和县域社会建设方面持续发挥积极作用。新型农村金融机构的主要目标是丰富县域金融体系，解决农村地区银行业金融机构网点覆盖率低、金融服务不足、竞争不充分等问题。全国共有超过 4 万个农村地区银行营业网点可以办理农民工银行卡特色服务受理方业务，当年累计完成农民工银行卡特色服务取款业务超过 1157 万笔、金额 185 亿元。助农取款服务点达 92 万个，受理终端数量 93 万台，2014 年助农取款业务达到 1.57 亿笔、金额 494 亿元。

截至 2014 年末，全国已组建的新型农村金融机构 92.9% 以上的贷款投向了“三农”和小微企业，1045 个县（市）核准设立村镇银行，县域覆盖率 54.57%。全部金融机构本外币农村（县及县以下）贷款余额 19.4 万亿元，同比增长 12.4%，占各项贷款余额比重 23.2%。农户贷款余额 5.4 万亿元，同比增长 19.0%，占各项贷款余额比重 6.4%。农林牧渔业贷款余额 3.3 万亿元，同比增长 9.7%，占各项贷款余额比重 4.0%。全口径涉农贷款 23.6 万亿元，同比增长 13.0%，占各项贷款余额比重 28.1%。金融机构涉农贷款不良率为 2.4%，中资四家大型银行涉农贷款不良率为 1.7%，其中中国农业银行为 2.0%；中资中型银行涉农贷款不良率为 1.2%，其中中国农业发展银行为 0.6%；农村信用社（含农村商业银行、农村合作银行）涉农贷款不良率为 4.5%。具体情况见表 2.12。

表 2.12　2014 年主要涉农金融机构及贷款相关情况

机构名称	机构数（家）	营业性网点数（个）	从业人员数（人）	涉农不良贷款余额（亿元）	占全部贷款比重（%）
农村信用社	1596	42201	423992	—	—
农村商业银行	665	32776	373635	665	2.1%
农村合作银行	89	3269	32614	107	2.7%
村镇银行	1153	3088	58935	31	0.8%
贷款公司	14	14	148	—	—
农村资金互助社	49	49	521		

资料来源：中国银监会，2015 年。

2014 年末，主要农村金融机构（农村信用社、农村合作银行、农村商业银行）人民币贷款余额 105742 亿元，比年初增加 14105 亿元。国家在管理民主、运行规范、带动力强的农民合作社和供销合作社基础上，培育发展农村合作金融，选择部分地区进行农民合作社开展信用合作试点，丰富农村地区金融机构类型。国家将推进社区性农村资金互助组织发展，这些组织必须坚持社员制、封闭性原则，坚持不对外吸储放贷、不支付固定回报。国家还将进一步完善对新型农村合作金融组织的管理体制，明确地方政府的监管职责，鼓励地方建立风险补偿基金，有效防范金融风险。2014 年，国家进一步加大了农业保险支持力度，提高了中央、省级财政对主要粮食作物保险的保费补贴比例，逐步减少或取消产粮大县县级保费补贴，不断提高稻谷、小麦、玉米三大粮食品种保险的覆盖面和风险保障水平。鼓励保险机构开展特色优势农产品保险，有条件的地方提供保费补贴，中央财政通过以奖代补等方式予以支持。扩大畜产品及森林保险范围和覆盖区域，鼓励开展多种形式的互助合作保险。

2015 年

2015 年，国家继续支持农民合作社和供销合作社发展农村合作金融，选择部分地区进行农民合作社开展信用合作试点，丰富农村地区金融机构类型。推进社区性农村资金互助组织发展，强调社员制、封闭性原则，坚持不对外吸储放贷、不支付固定回报。进一步完善了新型农村合作金融组织的管理体制，明确地方政府的监管职责，鼓励地方建立风险补偿基金，有效防范金融风险。2015 年下半年，管理部门发布了金融支持农业规模化生产和集约化经营的指导意见，要求加大对农业规模化生产和集约化经营的信贷投入，将各类农业规模经营主体纳入信用评定范围，建立信用档案，提高授信额度，支持农业产业化龙头企业依法通过兼并、重组、收购、控股等方式组建大型农业企业集团，合理运用银团贷款方式，满足农业规模经营主体大额资金需求。围绕地方特色农业，以核心企业为中心，捆绑上下游企业、农民合作社和农户，开发推广订单融资、动产质押、应收账款保理和产商银等多种供应链融资产品。探索以厂商、供销商担保或回购等方式，推进农用机械设备抵押贷款业务。稳妥推动开展农村土地承包经营权抵押贷款试点，探索土地经营权抵押融资业务新产品，支持农业规模经营主体通过流转土地发展适度规模经营。强化对农业规模化生产和集约化经营重点领域的支持。在产业项目方面，重点支持农业科技、现代种业、农机装备制造、设施农业、农业产业化、农产品精深加工等现代农业项目。在农业基础设施方面，重点支持耕地整理、农田水利、商品粮棉生产基地和农村民生工程建设。在农产品流通领域，重点支持批发市场、零售市场和仓储物流设施建设。

为降低自然灾害给农业发展带来的困扰，2015 年，国家对玉米、水稻、小麦、棉花、马铃薯、油料作物、糖料作物、能繁母猪、奶牛、育肥猪、天然橡胶、森林、青稞、藏系羊、牦牛等 15 个品种提供农业保险保费补贴。对于种植业保险，中央财政对中西部地区补贴 40%，对东部地区补贴 35%，对新疆生产建设兵团、中央直属垦区、中储粮北方公司、中国农业发展集团公司（以下简称中央单位）补贴 65%，省级财政至少补贴 25%。对能繁母猪、奶牛、育肥猪保险，中央财政对中西部地区补贴 50%，对东部地区补贴 40%，对中央单位补贴 80%，地方财政至少补贴 30%。对于公益林保险，中央财政补贴 50%，对大兴安岭林业集团公司补贴 90%，地方财政至少补贴 40%；对于商品林保险，中央财政补贴 30%，对大兴安岭林业集团公司补贴 55%，地方财政至少补贴 25%。中央财政农业保险保费补贴政策覆盖全国，地方可自主开展相关险种。国家鼓励保险机构开展特色优势农产品保险，中央财政通过以奖代补等方式予以支持。

第三节 新农村建设以来已取得的总体绩效

自2006年以来开展的新农村建设，到2016年，已使中国农村发生了天翻地覆的变化。农村生产力得到了进一步的解放和发展，农业生产总值稳步增长，农民持续增收。农村基础设施建设成效显著，农业科技水平不断提高，农民生产生活条件有了前所未有的改变。

一、第一产业生产总值稳步增长，就业人数持续下降

根据国家统计局对三次产业的划分规定，第一产业包括农、林、牧、渔业和采集业，也即广义上的农业。2006年新农村建设伊始，我国第一产业生产总值为24040.0亿元，到2016年，这个数字上升到63671.0亿元，比2006年增加39631亿元，增幅达164.9%。在国内生产总值中所占的比重则由11.3%下降到8.6%，降幅达2.7个百分点。第一产业就业人数从2006年的31941万人减少到2015年的21919万人，10年间减少10022万人。但与此同时，第一产业的贡献率基本稳定，表明我国农业在产出增加的同时劳动力投入减少，劳动生产率明显提高。农业在国内生产总值中所占比重的下降，则反映出我国国民经济正从过去“农业支持工业”的格局向农业更多依靠自身的发展甚至其他行业反哺农业的格局变化，为缩小工农差距、城乡差距提供了现实的基础。而第一产业贡献率的稳定，正是新农村建设成效的集中体现。具体情况见表2.13、图2.8与表2.14。

表2.13 2006—2015年第一产业生产总值情况 单位：亿元

	国内生产总值	第一产业生产总值	所占比重	第一产业贡献率
2006年	211923.5	24040.0	11.3%	4.8%
2007年	257305.6	28627.0	11.1%	3.0%

续表

	国内生产总值	第一产业生产总值	所占比重	第一产业贡献率
2008 年	314045.4	33702.0	10.7%	5.7%
2009 年	340902.8	35226.0	10.5%	4.5%
2010 年	397983.3	40533.6	10.1%	3.8%
2011 年	473104.0	47486.1	10.1%	4.6%
2012 年	519655.1	52377.0	10.1%	5.7%
2013 年	588018.8	55321.7	9.4%	—
2014 年	635910.2	58336.1	9.2%	—
2015 年	676707.8	60863.0	9.0%	—

注：第一产业贡献率指该产业增加值增量与 GDP 增量之比。

资料来源：根据 2007—2013 年《中国农村统计年鉴》、2016 年《中国农村统计年鉴》整理。2016 年的数字由权威部门根据全国第一次经济普查结果进行了修订，与以前的数字有差异，特此说明。

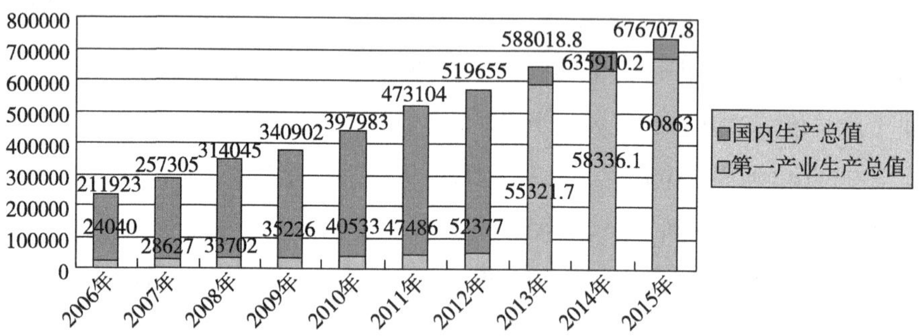

图 2.8　2006—2015 年第一产业生产总值情况

资料来源：同表 2.13。

表 2.14　2006—2015 年按三次产业分就业人数（年底数）

	第一产业（万人）	第二产业（万人）	第三产业（万人）	第一产业占比
2006 年	31941	18894	24143	42.6%
2007 年	30731	20186	24404	40.8%
2008 年	29923	20553	25087	39.6%
2009 年	28890	21080	25857	38.1%
2010 年	27931	21842	26332	36.7%
2011 年	26594	22544	27282	34.8%

续表

	第一产业（万人）	第二产业（万人）	第三产业（万人）	第一产业占比
2012 年	25773	23241	27690	33.6%
2013 年	24171	—	—	—
2014 年	22790	—	—	—
2015 年	21919	—	—	—

资料来源：根据2007—2013 年《中国农村统计年鉴》、2016 年《中国农村统计年鉴》整理。

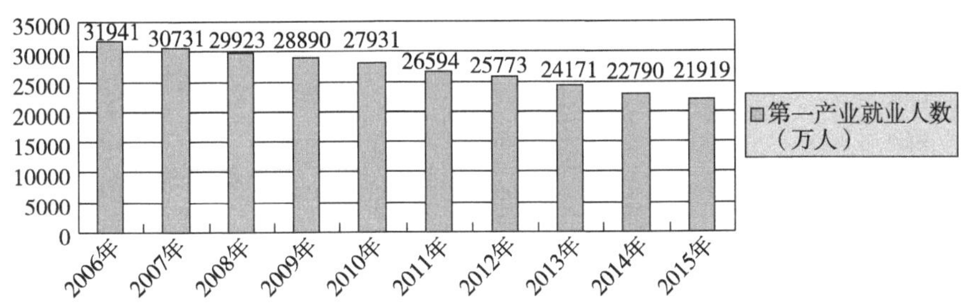

图 2.9　2006－2015 年第一产业就业人数

资料来源：同表 2.14。

二、农作物生产条件不断改善，主要农产品产量逐渐增加

2006 年，全国农作物播种面积 152149 千公顷，粮食播种面积 104958 千公顷，到 2015 年，农作物播种面积 166374 千公顷，粮食播种面积 113343 千公顷，比 2006 年分别增加 14225 千公顷、8385 千公顷，增幅分别为 10% 与 7.99%，这在同期房地产建设飞速发展、各地大幅征地的背景下实属不易。由于农作物播种面积增幅比粮食播种面积增幅高 2.01 个百分点，说明粮食以外的其他农作物播种增加，农业结构调整已取得一定效果。2006 年，全国乡村办水电站 27493 个，装机容量 1243.0 万千瓦，农村用电量 4895.8 亿千瓦/时，到 2015 年，乡村办水电站 47340 个，装机容量 7583 万千瓦，农村用电量 9026.9 亿千瓦/时，与 2006 年相比分别增加 19847 个、6340 万千瓦、4131.1 亿千瓦/时，增幅为 72.19%、510.06%、84.38%。2006 年，全国有效灌溉面积为 55750.5 千公顷，到 2015 年为 65872.6 千公顷，增加 10122.1 千公顷，增幅为 18.16%，农作物生产条件

明显改善，靠天吃饭在很大程度上已成为历史。2005 年，全国农用化肥施用量 4927.7 万吨，到 2015 年为 6022.6 万吨，增加 1094.9 万吨，增幅达 22.22%。具体情况见表 2.15、表 2.16 与图 2.10。

表 2.15　2006—2015 年农作物总播种面积与生产条件

	农作物播种面积（千公顷）	粮食播种面积（千公顷）	有效灌溉面积（千公顷）	农用化肥施用量（万吨）
2006 年	152149	104958	55750.5	4927.7
2007 年	153464	105638	56518.3	5107.8
2008 年	156266	106793	58471.1	5239.0
2009 年	158614	108986	59261.4	5404.4
2010 年	160675	109876	60347.7	5561.7
2011 年	162283	110573	61681.6	5704.2
2012 年	163416	111205	62490.5	5838.8
2013 年	164627	111956	63473.3	5911.9
2014 年	165446	112723	64539.5	5996.4
2015 年	166374	113343	65872.6	6022.6

资料来源：根据 2007—2013 年《中国农村统计年鉴》、2016 年《中国农村统计年鉴》整理。

表 2.16　2006—2015 年乡村办水电站与用电量

	乡村办水电站（个）	装机容量（万千瓦）	农村用电量（亿千瓦时）
2006 年	27493	1243.0	4895.8
2007 年	27664	1366.6	5509.9
2008 年	44433	5127.4	5713.2
2009 年	44804	5512.1	6104.4
2010 年	44815	5924.0	6632.3
2011 年	45151	6212.3	7139.6
2012 年	45799	6568.6	8104.9
2013 年	46849	7118.6	8549.5
2014 年	47073	7322.1	8884.4
2015 年	47340	7583.0	9026.9

注：2008 年起，乡村办水电站统计口径变更为农村水电，指装机容量 5 万千瓦及以下水电站和配套电网。

资料来源：根据 2007—2013 年《中国农村统计年鉴》、2016 年《中国农村统计年鉴》整理。

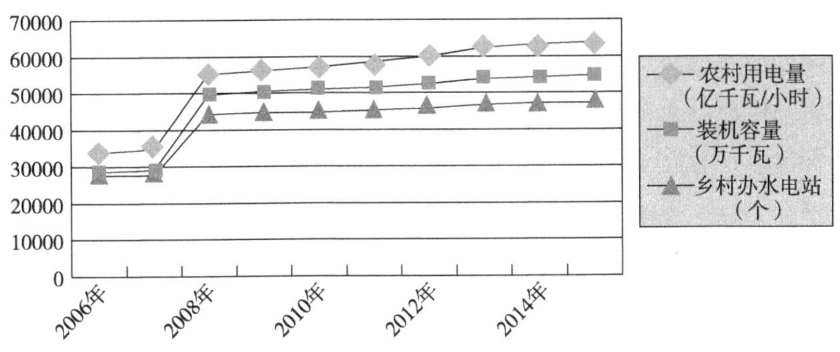

图2.10　2006—2015年乡村办水电站与用电量

资料来源：同表2.16。

为防止粮食种植面积增加、粮食持续丰收背景下的谷贱伤农现象的出现，2006年5月16日，国家发展和改革委员会、财政部、农业部、国家粮食局、中国农业发展银行、中国储备粮管理总公司六个部门以特急件下发了《关于印发2006年小麦最低收购价执行预案的通知》，要求“各地方、各部门要高度重视，按照预案的要求，精心安排，周密部署，密切配合，认真做好小麦执行预案的各项准备组织实施工作”。随后，省、市粮食局分别召开2006年夏粮收购工作会议，传达贯彻、组织实施2006年夏粮的托市收购，中储粮总公司一条线负责具体业务操作，执行最低收购价收购预案的小麦主产区为河北、江苏、安徽、山东、河南、湖北6省，其他小麦产区是否实行最低收购价政策由当地省级人民政府自主决定。执行责任主体为中国储备粮管理总公司，具体收购库点由各省中储粮分公司等有关部门核定后公布，发生盈亏由国家财政统一承担，一经确认，被委托收购的粮食企业不得擅自动用。最低价收购的粮食信贷资金由中国农业发展银行按信用贷款方式发放给委托收储企业，由收储企业统一管理，并与各受委托收购单位进行统贷分拨。2014年，国务院发布了《关于全面深化农村改革加快推进农业现代化的若干意见》，2015年又发布了《关于加大改革创新力度，加快农业现代化建设的若干意见》，要求抓紧构建立足国内、确保产能、适度进口、科技支撑的国家粮食安全战略，严守耕地保护红线，划定永久基本农田，不断提高农业生产能力。探索推进农产品价格形成机制与政府补贴脱钩的改革，加大对粮食主产区的财政转移支付力度。降低或取消产粮大县直接用于粮食生产等建设项目的资金配套，鼓励粮食主销区通过多种方式到主产区投资建设粮食生产基地，更多地承担国家粮食储备任务。为我国粮食及其他主要农产品产出的稳步增加提供了保障，进而对稳定农民收入、落实新农村建设目标以及粮食安全等都具有重要的战略现实意义。具体情况见表 2. 17 与图 2. 11。

表 2. 17　2006—2015 年主要农作物情况

	粮食（亿斤）	棉花（万吨）	油料（万吨）	糖料（万吨）
2006 年	9961	753	2640	10460
2007 年	10032	762	2569	12188
2008 年	10574	749	2953	13420
2009 年	10616	638	3154	12277
2010 年	10930	596	3230	12008
2011 年	11424	660	3307	12517
2012 年	11791	684	3437	13485
2013 年	12038. 8	629. 9	3517	13746
2014 年	12140. 5	617. 8	3507	13361
2015 年	12428. 7	560. 3	3537	12500

资料来源：根据 2007—2013 年《中国农村统计年鉴》、2016 年《中国农村统计年鉴》整理。

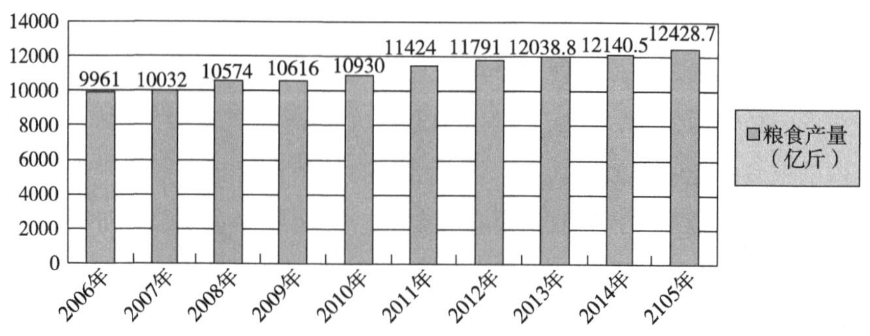

图 2. 11　2006—2015 年粮食产量

资料来源：同表 2. 17。

三、农民人均纯收入逐年提高，消费支出同步上升

2006 年，全国农村居民家庭人均纯收入 3587 元，到 2015 年为 10722 元，10 年间增加 7135 元，增幅为 199%，年均增长 19.9%。同期，农村居民家庭恩格尔系数从 43% 下降到 37.1%，降幅达 5.9 个百分点。按照联合国粮农组织的划分标准，恩格尔系数 40% ~49% 为小康，30% ~39% 为富裕，说明我国农村居民的总体消费水平正在富裕的轨道上运行。2006 年，农村居民消费水平每人 2950 元，到 2015 年上升为 9630 元，10 年间增加 6680 元，增幅为 226.44%，与人均纯收入增幅相比高出近 28 个百分点。表明农民在有支付能力之后，把更多的资金用于实际的消费支出，这也从社会消费品零售总额可见一斑。2006 年，其中县及县以下零售额 24867.4 亿元，到 2015 年为 100648 亿元，10 年间增加 75780.6 亿元，增幅为 304.74%。自 2013 年起，国家统计局开展了"城乡一体化住户收支与生活情况调查"，调查表明，在农村居民可支配收入中，工资性收入、经营净收入等相对稳定的收入占据绝大比重，财产净收入、转移净收入也逐年提升，新农村建设的目标在一定程度上得到了实现。具体情况见表 2.18 至表 2.20 及图 2.12、图 2.13。

表 2.18　2006—2015 年农村居民家庭人均收入及消费水平

	农村居民家庭人均纯收入（元）	农村居民消费水平（元/人）	农村居民家庭恩格尔系数（%）
2006 年	3587.0	2950.0	43.0
2007 年	4140.4	3347.0	43.1
2008 年	4760.6	3901.0	43.7
2009 年	5153.2	4163.0	41.0
2010 年	5919.0	4700.0	41.1
2011 年	6977.3	5870.0	40.4
2012 年	7916.6	6515.0	39.3
2013 年	8895.9	7773.0	37.7
2014 年	9892.0	8711.0	37.8
2015 年	10772.0	9630.0	37.1

资料来源：根据 2007—2013 年《中国农村统计年鉴》、2016 年《中国农村统计年鉴》整理。

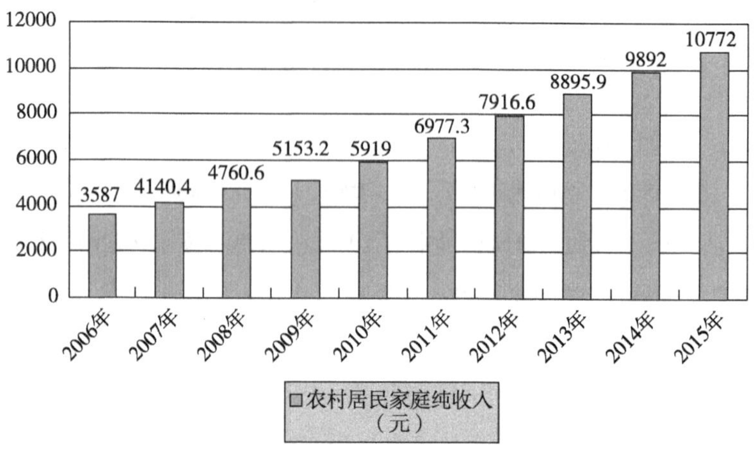

图 2.12　2006—2015 年农村居民家庭人均收入

资料来源：同表 2.18。

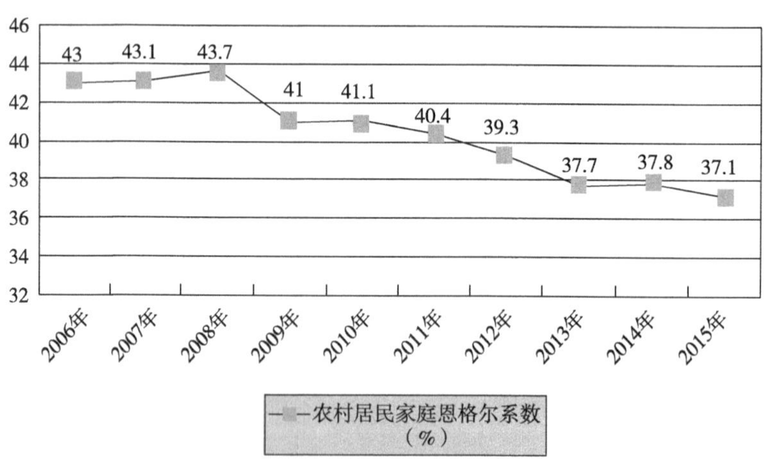

图 2.13　2006—2015 年农村居民家庭恩格尔系数

资料来源：同表 2.18。

表 2.19　2013—2015 年农村居民可支配收入及构成

	2013 年	2014 年	2015 年
可支配收入（年/人）	9429.6	10488.9	11421.7
工资性收入	3652.5	4152.2	4600.3
经营净收入	3934.8	4237.4	4503.6
其中：第一产业净收入	2839.8	2998.6	3153.8
第二产业净收入	252.5	259.1	276.1
第三产业净收入	842.5	979.6	1073.7
财产净收入	194.7	222.1	251.5
转移净收入	1647.5	1877.2	2066.3

资料来源：根据2016 年《中国农村统计年鉴》整理。

表 2.20　2006—2015 年农村居民生活消费支出　　单位：亿元

	社会消费品零售总额	其中县及县以下零售额	所占比重	农村居民生活消费支出
2006 年	76410.0	24867.4	32.5%	2829.0
2007 年	89210.0	28799.3	32.3%	3223.9
2008 年	114830.1	34752.8	30.3%	3660.7
2009 年	132678.4	43584.2	32.8%	3993.5
2010 年	156998.4	50020.7	31.9%	4381.8
2011 年	183918.6	58499.1	31.8%	5221.1
2012 年	210307.0	67021.3	31.9%	5908.0
2013 年	237809.9	76896.4	32.3%	7484.8
2014 年	271896.1	90105.8	33.1%	8382.9
2015 年	300930.8	100648.0	33.4%	9223.0

资料来源：根据2007—2013 年《中国农村统计年鉴》、2016 年《中国农村统计年鉴》整理。

四、农村基础设施建设成效显著，社会事业进展顺利

基础设施如交通、通讯、水电、住房、教育、卫生等差距是我国城乡差距的主要表现。新农村建设以来，各级主管部门加大了对这些领域的投资力度，吸引社会投资与农户投资积极参与，使农村基础设施建设取得了

引人注目的成就。2006 年，农村水电建设年度投资额 4604296 万元，年末发电设备容量 47196651 千瓦，当年新增发电设备容量 6403520 千瓦，在建电站规模 20653424 千瓦，当年新开工电站规模 4501575 千瓦，到 2007 年，农村水电建设年度投资额 5117926 万元，比上年增加 513630 万元，达到了一个高峰。从 2008 年起逐渐下降，到 2012 年为 3671648 万元，比 2006 年减少 932648 万元，减幅为 20. 26%。但年末发电设备容量 65686071 千瓦，比 2006 年增加 18489420 千瓦，增幅为 39. 18%。当年新开工电站规模 1658258 千瓦，比 2006 年减少 2843317 千瓦，减幅为 63. 16%。说明我国水电建设已近饱和，农村生产和生活用水电问题已能得到较好的满足，并为农村住房、教育、卫生等情况的改善提供了必要的物资基础。2006 年，农户住房投资总额 4436. 2 亿元，2015 年增加到 10409. 8 亿元，10 年间增加 5973. 6 亿元，增幅为 134. 66%，农村新建住宅面积由 2006 年的 68400 万平方米上升到 2011 年的 103053. 2 万平方米，增幅为 50. 67%，再下降到 2015 年的 85316. 8 万平方米，说明自 2011 年以来大部分农民已基本满足了住房需求。由于农户住房投资总额增幅远高于农村新建住宅面积和农村人均住房面积增幅，即使扣除价格因素，也能说明农村住宅质量的提高，这也从各地农村一座座宽敞明亮的楼房中得到了体现。村办卫生室（个）由 2006 年的 333790 个上升到 2011 年的 373000 个，再下降到 2015 年的 368170 个，一方面说明农民就近解决日常医疗问题的需要基本得到了满足；另一方面说明近几年来，随着城镇化的大力推行，农村人口减少，对医疗服务的需求有所下降。从农村生活环境看，2006 年，农村改水累计受益人口 8. 6629 亿人，累计受益率 91. 1%，累计使用卫生厕所户数 13873 万户，卫生厕所普及率 55. 0%，累计使用卫生公厕户数 2126. 3 万户，农村沼气池产气量 83. 6 亿立方米，太阳量热水器 3941. 0 万平方米，太阳灶 865238 台。到 2015 年，除农村改水累计受益人口与受益率稳步上升外，累计使用卫生厕所户数 20684 万户，卫生厕所普及率 78. 4% %，累计使用卫生公厕户数 3879. 5 万户，农村沼气池产气量 153. 9 亿立方米，太阳量热水器 8232. 6 万平方米，太阳灶 2326000 台。农村基本生活条件与城市的差距已大大缩小。具体情况见表 2. 21 至表 2. 23。

表 2. 21 2006—2012 年农村水电建设和发电量

	年度投资额（万元）	年末发电设备容量（千瓦）	本年新增发电设备容量（千瓦）	在建电站规模（千瓦）	当年新开工电站规模（千瓦）
2006 年	4604296	47196651	6403520	20653424	4501575
2007 年	5117926	53855597	6578193	20944545	4498420
2008 年	4568884	51274371	4194106	21239258	3787365
2009 年	4563240	55121211	3807072	12890100	2194445
2010 年	4398453	59240191	3793551	13700560	2425973
2011 年	4243988	62123430	3277465	10309266	1585709
2012 年	3671548	65686071	3399616	9947388	1658258

资料来源：根据 2007—2013 年《中国农村统计年鉴》整理。

表 2. 22 2006—2015 年农村农户住房建设情况

	农户住房投资总额（亿元）	农村新建住宅面积（万平方米）	农村人均住房面积（平方米）
2006 年	4436. 2	69237. 9	30. 7
2007 年	5123. 3	78321. 2	31. 6
2008 年	5951. 8	84407. 0	32. 4
2009 年	7434. 5	105683. 0	33. 6
2010 年	7886. 0	94114. 8	34. 1
2011 年	9089. 1	103053. 2	36. 2
2012 年	9840. 6	94187. 8	37. 1
2013 年	10546. 7	92661. 7	—
2014 年	10755. 8	90287. 4	—
2015 年	10409. 8	85316. 8	—

资料来源：根据 2007—2013 年《中国农村统计年鉴》、2016 年《中国农村统计年鉴》整理。

表 2. 23 2006—2015 年各地区卫生室情况

	村办卫生室（个）	乡卫生院设点（个）
2006 年	333790	34803
2007 年	340082	33633

续表

	村办卫生室（个）	乡卫生院设点（个）
2008 年	342692	40248
2009 年	350515	45434
2010 年	365153	49678
2011 年	373000	56000
2012 年	370970	58000
2013 年	370150	—
2014 年	369020	—
2015 年	368170	—

资料来源：根据 2007—2013 年《中国农村统计年鉴》、2016 年《中国农村统计年鉴》整理。

表 2.24　2006—2015 年农村环境情况

	农村改水累计受益人口（万人）	累计受益率	累计使用卫生厕所户数（万户）	卫生厕所普及率（%）	累计使用卫生公厕户数（万户）	农村沼气池产气量（亿立方米）	太阳量热水器（万平方米）	太阳灶（台）
2006 年	86629	91.1%	13873	55.0%	2126.3	83.6	3941.0	865238
2007 年	87859	92.1%	14442	57.0%	2049.0	101.7	4286.4	1118763
2008 年	89447	93.6%	15166	59.7%	2739.5	118.4	4758.7	13567755
2009 年	90251	94.3%	16056	63.2%	2970.7	130.8	4997.1	1484271
2010 年	90834	94.9%	17138	67.4%	2827.7	139.7	5498.3	1617233
2011 年	89971	94.2%	18019	69.2%	2972.8	152.8	6231.9	2139000
2013 年	89938	95.6%	19401	74.1%	3165.1	157.8	7394.6	2264000
2014 年	91511	95.8%	19939	76.1%	3990.9	155.0	7782.9	2300000
2015 年	—	—	20684	78.4%	3879.5	153.9	8232.6	2326000

资料来源：根据 2016《中国农村统计年鉴》整理，由于统计原因，缺乏 2012 年数据，且因报表主管机关调整，缺乏 2015 年农村改水数据，特此说明。

五、农业科技发展成果累累，生态环境明显向好

大力提高农业科技创新和转化能力，推进现代农业建设，是我国新农村建设的主要目标之一。2006 年新农村建设伊始，国家即发布了《2006

年全国农业科技入户示范工程实施方案》，计划在全国29个玉米、4个棉花示范县培育33000个科技示范户，辐射带动周边66万以上农户。在玉米示范县示范推广9个全国玉米主导品种和8项主推技术，在棉花示范县示范推广3个棉花主导品种和5项主推技术，以及若干地方优良玉米、棉花品种和先进技术。要求示范户先进实用技术入户率达到90%以上，玉米、籽棉产量比前3年平均提高10%以上，单位产量节本10%以上。农业科技入户示范工程玉米技术指导工作区域为北方春玉米区、黄淮海夏玉米区、西南山地丘陵玉米区和西北内陆灌溉玉米区，涉及13个省（自治区），包括29个示范县。棉花试点县是新疆生产建设兵团农一师、湖南澧县、新疆棉区的沙雅县、兵团农四师。示范县将分为玉米（棉花）单一种植为主、专业化程度较高的专业类，以玉米（棉花）为主种植两类以上作物的综合类，以及种植和养殖结合类等三种示范类型。每种示范类型的农业生产都要兼顾农民生活和农村生态环境。随后几年，国家加大了对农业各个领域的科技投入并取得了显著的效果。统计显示，2006—2010年是我国农业科技进步最快的5年，科技对农业贡献率达到了52%，首次超过了土地以及劳动力、资本对农业生产的作用。其一，农作物和动植物新品种培育取得了突破。包括超级稻、矮败小麦、双低油菜等新品种培育达到2500多个，超级稻累计推广4亿亩，增产粮食400亿斤。节地、节水、节药等节本增效技术取得了良好进展，新能源如集合沼气、清洁生产等不断推进。国家实施了转基因生物重大项目工程，培育出26个抗虫棉品种，有效控制了棉铃虫的危害。其二，农业机械化程度显著提高。2015年，全国农用机械总动力由72522.1万千瓦增加到11172.8万千瓦，农用大中型拖拉机由1718247台增加到6072900台，小型拖拉机由15678995台增加到17030000台，联合收割机由8363525台增加到1739000台。同期，在农民家庭平均每百户拥有主要生产性固定资产量中，汽车、大中型拖拉机、机动脱粒机、农用水泵等均大幅增加，而性能相对较低的小型和手扶拖拉机、胶轮大车等明显减少。主要农产品耕、种、收机械化程度持续提升，尤其是小麦实现了全程机械化，水稻收获和插秧机械快速推广。其三，科技示范县建设效果良好，2006年以来，国家开展了800个科技示范县建设，对每个县给予一定的中央财政补助，主要用于技术人员下乡必要的交通费、示范基地建设以及科技示范户建设等工作，启动了乡镇农技推广站的条件能力建设。同时在全国启动了农技人员大培训，把乡镇农技人员请到大学、科研单位进行异地培训，对普通农民进行农技手、沼气工、防疫员等领域的培训，通过培训直接提高了农民文化素质与工作水平，促进了农业劳动生产效率的总体提高。

为改善农业生态环境，维护农村可持续发展的动力，若干年来，管理部门花大力气开展了以天然林保护、退耕还林为主要内容的农业生态环境工程建设。2006—2010年“十一五”期间，完成天然林保护工程建设476.31公顷、退耕还林516.55公顷；2011—2015年“十二五”期间，完成天然林保护工程建设255.44公顷、退耕还林302.90公顷。到2015年底，已建成自然保护区2740个，总面积14703万公顷。其中国家级自然保护区428个，面积9649万公顷。省级自然保护区879个，面积3796万公顷①。

表2.25　2006—2015年主要农业机械拥有量

	农用机械总动力（万千瓦）	农用大中型拖拉机（台）	小型拖拉机（台）	联合收割机（台）
2006年	72522.1	1718247	15678995	565578
2007年	76589.6	2062731	16191147	633784
2008年	82190.4	2995214	17224101	743474
2009年	87496.1	3515757	17509031	858372
2010年	92780.5	3921723	17857921	992062
2011年	97734.7	4406471	18112663	1113708
2012年	102559.0	4852400	17972300	1278821
2013年	10390.7	5270200	17523000	1421000
2014年	10805.7	5679500	17298000	1584600
2015年	11172.8	6072900	17030000	1739000

资料来源：根据2007—2013年《中国农村统计年鉴》、2016年《中国农村统计年鉴》整理。

① 资料来源：2016年《中国农村统计年鉴》。

表 2.26　2006—2015 年重点生态工程造林面积　　单位：万公顷

	合计	天然林保护工程	退耕还林工程
2006 年	280.17	77.48	105.05
2007 年	267.83	73.29	105.60
2008 年	343.35.	100.9	118.97
2009 年	457.55	136.09	88.67
2010 年	366.79	88.55	98.26
2011 年	309.3	55.36	73.02
2012 年	275.39	48.52	65.53
2013 年	256.90	46.03	62.89
2014 年	192.69	41.05	37.86
2015 年	284.04	64.48	63.60

资料来源：根据 2016 年《中国农村统计年鉴》整理，2015 年将有林地和灌木林地封育计入造林总面积。

第三章　新农村建设资金配置效率的实证分析与存在的问题

第一节　新农村建设资金配置效率的实证分析

一、我国新农村建设资金配置效率分析的文献回顾与方法选择

（一）文献回顾

效率是经济学的核心问题，其实质是如何实现等量投入下产出最大或等量产出下投入最小的目标。西方最权威的经济学辞书《新帕尔格雷夫经济学大词典》在定义效率时认为效率即资源配置效率，“资源配置效率意味着在资源和技术条件限制下尽可能满足人类需要的运行状况”，萨缪尔森认为，“如果经济在不减少一种物品生产的情况下不能增加另一种物品的生产，它的运行便是有效率的”。美国经济学家索罗（Solow）1957 年首次引入了前沿生产函数（Frontier Production Function）的概念，并以此作为资源利用效率评价的标准。同年，怀伦（Farrell）提出了技术效率、配置效率和综合效率等概念。他认为技术效率（Technical Efficiency，TE）反

映在给定投入条件下经济单位获取最大产出的能力，配置效率（Allocative Efficiency，AE）是在给定投入价格时经济单位以适当比例使用各项投入的能力，将上述两项结合在一起即综合效率（Overall Efficiency，OE）。其中，技术效率还可进一步分解为规模效率（SE）和纯技术效率（PTE）：前者用于测度规模报酬不变的生产前沿与规模报酬变化生产前沿之间的距离，而后者用于测度当规模报酬可变时，待考察对象与生产前沿面的距离。1966 年，利比森（Leibenstein）提出了 X 效率理论。X 效率是指在不考虑产品组合和规模大小的情况下，由于管理改进和技术应用等而产生的效率。在选定的资料数据中，可以估计最佳（或最差）的业务边界，其中某个单位 X 效率的低下情况可以通过其实际产出量与最佳业务边界之间的差值来反映。X 效率理论认为，不能从市场角度来解释经济单位内部效率的问题，因为单位内部不存在市场因素，而单位成员缺乏对经济资源有效利用的动力才是内部无效率的主要原因。在缺乏竞争的环境中人本身的惰性会逐渐显现，因而收益最大化原则并不是单位内部人员首要的行为准则。传统的生产函数表面看来有效率，但在实际生活中常常因为劳动者缺少积极性而使生产活动变得无效率。另外，生产活动需要由单位内部全体成员的共同努力来实现，单位内部上下级关系、同事关系、企业文化等因素，都会对个人的努力水平产生影响，进而导致不同的产出水平。1997 年，比格（Berger）和汉普雷（Humphrey）在实证分析的基础上认为，提高衡量最大化产出能力和管理层成本控制水平的 X 效率能使成本节约 20%，而规模不经济导致的低效率则不会超过总成本的 5%。

（二）方法选择

进行新农村建设资金配置效率的测度，有三种方法可供选择。一是层次分析法。即把测试对象分为多个要素集合，将这些要素依递进关系进一步分解，按目标层、准则层和指标层排列起来，形成有序的递进结构。然后建立判断矩阵，通过两两比较的方式定量地判定每一层次中各个要素的相对重要性。该方法的关键点是通过数学方法确定每一层次中各要素的权重。但由于判断矩阵难以得到一致性的估计，使得该种方法具有主观性和不确定性，在实际运用中准确度难以把握。二是财务指标分析法。根据测试对象的不同情况，选定评价指标的类别，然后每一类选择数个具体的财务指标进行测算，再将测算结果进行各种标准化的比较和判断。优点是数据容易获取，结论简单明确，缺点是选取具体财务指标时，带有一定的随意性，可能降低分析结果的可靠性。三是前沿效率分析法。其特点是从技术角度探讨资源的配置效率，认为经济单位追求的目标函数是以最小投入获得最大产出。在给定技术水平和其他市场因素的条件下，能够以最小投入实现最大产出的组织被称为效率前沿组织，而相对于效率前沿组织的偏离程度即为待考察对象的效率损失。前沿效率分析法分为参数法和非参数法两类。参数法包括数据包络分析法（Data Envelopment Analysis，DEA）和无界分析法（Free Disposal Hull，FDH），非参数法包括随机前沿法（Stochastic Frontier Approach，SFA）、自由分布法（Distribution Free Approch，DFA）和厚前沿法（Thick Frontier Approach，TFA）。在上述方法中，SFA 分析和 DEA 分析是目前应用最成熟、最广泛的方法。SFA 方法需要事先假定所使用的函数形式如柯布·道格拉斯（Cobb – Douglas）函数、傅立叶弹性成本函数（Fourier elastic cost function）、超越对数函数（Trans-log function）等，容易发生无效率项的限制过多、函数弹性不足等问题，估计出的效率值可能与实际值有一定偏差；DEA 用于评价不同决策单元的相对效率，它将具有相同输入、输出的单位或部门称作决策单元（Decision Making Unit，DMU），并依据一组同类决策单元的输入输出数据来判定各单元的相对有效性。在实际农村经济运行中，投入与产出之间并不一定存在着明确的数学关系，寻求特定形式的生产函数有时显得比较困难。DEA 模型将所有决策单元的投入与产出项投影到几何空间中，以求得的最大产出或最小投入作为生产边界。当某个决策单元落在边界上时，这个决策单元即是最有效率的，其相对效率值为 1；若决策单元落在边界内，则为无效率，它表示在投入不变的情况下可以增加产出（或在产出不变的情况下可以降低投入），此时的效率值介于 0 ~ 1。与其他方法相比，DEA

可以处理多输入、多输出决策单元，无须知道生产函数的具体形式，并且不需要进行参数估计，在研究中受到的约束较少，且模型中的权重由数学公式推导产生，不受评估者主观因素影响，较能体现公平性与客观性。因此，本文采用 DEA 方法来测度新农村建设以来我国支农资金的配置效率。

二、我国新农村建设资金配置效率的实证分析

（一）计量模型

DEA 方法又叫数据包络分析法，由美国运筹学家卡里斯（Charnes）等在 1978 年首先提出。它具有多个评价模型，其中规模报酬不变模型——CRS 模型（即 C^2R 模型）用于测度决策单元的技术效率（TE）；规模报酬可变模型——VRS 模型（即 BC^2 模型）用于测度决策单元的规模效率（SE）和纯技术效率（PTE）。

1. CRS 模型（C^2R 模型）

假设有 n 个决策单元（DMU），每个单元都有 m 种类型的输入（投入量）和 s 种类型的输出（产出量），记

$$x_j=(x_{1j},\ x_{2j},\ \cdots,\ x_{mj})^T,\quad j=1,\ 2,\ \cdots,\ n$$

$$y_j=(y_{1j},\ y_{2j},\ \cdots,\ y_{sj})^T,\quad j=1,\ 2,\ \cdots,\ n$$

$$v=(v_1,\ v_2,\ \cdots,\ v_m)^T,$$

$$u=(u_1,\ u_2,\ \cdots,\ u_s)^T,$$

这里，x_j，y_j分别表示第 j 个决策单元的投入量和产出量，v，u 分别是对各种投入产出权数的衡量。在对第 j_0个决策单元的效率进行评价时，可以用权系数 v 和 u 为变量，以 j_0的效率指数$\frac{\sum_{r=1}^{s}u_r y_{rj_0}}{\sum_{i=1}^{m}v_i x_{ij_0}}$为目标，构造如下分式规划模型：

$$
\begin{cases}
\max \dfrac{u^T y_{j_0}}{v^T x_{j_0}} \\
s.t.\ \dfrac{u^T y_j}{v^T x_j} \leqslant 1, \quad j = 1, 2, \cdots, n \\
v \geqslant 0 \\
u \geqslant 0
\end{cases}
$$

由于分式规划不易求解，故使用 Charnes - Cooper 变换，令 $t = \dfrac{1}{v^T x_0}$，$w = tv$，$\mu = tu$，则可以将分式规划化为等价而易求解的线性规划：

$$
\begin{cases}
\max \mu^T y_{j_0}, \\
s.t.\ w^T x_j - \mu^T y_j \geqslant 0, \quad j = 1, 2, \cdots, n \\
\mu^T x_{j_0} = 1, \\
w \geqslant 0,\ \mu \geqslant 0.
\end{cases}
$$

将上述线性规划转换为其对偶规划，得到下述模型：

$$
\begin{cases}
\min \theta \\
s.t.\ \sum_{j=1}^{n} x_j \lambda_j \leqslant \theta x_{j_0}, \\
\sum_{j=1}^{n} y_j \lambda_j \geqslant y_{j_0}, \\
\lambda_j \geqslant 0, j = 1, 2, \cdots, n
\end{cases}
$$

设 s^- 为松弛变量，s^+ 为剩余变量，ε 为非阿基米德无穷小（non - Archimedean）。它是一个小于任何正数且大于零的数，将上述变量引入分式规划模型后，得到：

$$\begin{cases}\min\ [\theta-\varepsilon\ (\hat{e}^T s^- + e^T s^+)] \\ s.t.\ \sum_{j=1}^{n} x_j\lambda_j + s^- = \theta x_{j0} \\ \sum_{j=1}^{n} y_j\lambda_j - s^+ = y_{j0} \\ \lambda_j \geqslant 0, j=1,2,\cdots,n \\ s^- \geqslant 0, s^+ \geqslant 0\end{cases}$$

设上述线性规划的最优解为 $\lambda^*, s^{-*}, s^{+*}, \theta^*$，则当 $\theta^*=1$ 时，决策单元 j_0 为弱 DEA 有效；当 $\theta^*=1$，且 $s^{-*}=0, s^{+*}=0$ 时，决策单元 j_0 为 DEA 有效。其中，最优解 θ^* 为经济单位在规模收益不变情况下的技术效率（TE）。

2. VRS 模型（BC^2 模型）

CRS 模型是在规模收益不变的前提下得出的，也就是说该模型假设经济单位规模的大小不影响其效率（即生产可能集满足锥性公理），这一假设在许多条件下并不满足。为解决这一问题，贝克（Banker）、卡里斯（Charnes）和科布（Cooper）等在 1984 年提出了 CRS 模型的改进方案，通过增加一个凸性假设 $\sum_{j=1}^{n}\lambda_j=1$，使规模收益不变模型被修正为可以测算纯技术效率（PTE）和规模效率（SE）的具有非阿基米德无穷小的规模收益可变模型，即 VRS 模型：

$$\begin{cases}\min[\theta-\varepsilon(\hat{e}^T s^- + e^T s^+)] \\ s.t.\ \sum_{j=1}^{n} x_j\lambda_j + s^- = \theta x_{j0} \\ \sum_{j=1}^{n} y_j\lambda_j - s^+ = y_{j0} \\ \sum_{j=1}^{n}\lambda_j = 1 \\ s^- \geqslant 0,\ s^+ \geqslant 0,\ \lambda_j \geqslant 0,\ j=1,2,\cdots,n\end{cases}$$

其效率最优解的判定条件和 CRS 模型是一致的。

（二）数据处理、测度结果与评价

根据 DEA 模型测度的基本要求，需要对我国新农村建设以来各类资金投入金额进行统计，并选择能代表其配置效率的相关指标。新农村建设资金配置效率的实质是农村经济的发展和农民生活水平的改善，因此，本文选择的投入指标是 2006 年至 2011 年国家财政投入农村的资金、金融机构资金、农村投资、农户投资 4 个方面。其中金融机构资金为乡镇企业贷款余额、农业贷款与农户贷款三者之和；产出指标较多，但由于 DEA 分析对输出入数据有较严格的数量限制，为从宏观上把握配置效果，选择 2006—2011 年农村居民纯收入、第一产业对 GDP 增量的贡献率来加以分析。数据来源为 2006—2012 年由国家统计局主编、中国统计出版社出版的《中国农村年鉴》与《中国统计年鉴》以及同期由中国金融出版社出版的《中国金融年鉴》，数据处理与汇总结果如表 3. 1。

表 3. 1　2006—2011 年新农村建设资金投入产出情况

	2006 年	2007 年	2008 年	2009 年	2010 年	2011 年
X1 财政资金（亿元）	3173	4318. 3	5955. 5	7253. 1	8579. 7	10497. 7
X2 金融机构资金（亿元）	27416. 58	33219. 37	37054. 82	45274. 79	57355. 78	68023. 36
X3 农村投资（亿元）	16629. 5	19859. 5	24090. 1	30678. 4	36691	45863. 75
X4 农户投资（亿元）	4436. 2	5123. 3	5951. 8	7434. 5	7886	9089. 1
Y1 农村居民纯收入（元/人）	3587	4140. 4	4760. 6	5153. 2	5919	6977. 3
Y2 第一产业对 GDP 增量的贡献率（%）	4. 8%	3%	5. 7%	4. 5%	3. 9%	4. 62%
或者，Y2 农林牧渔业总产值（亿元）	40007. 5	42409. 1	51692. 8	60566. 5	63031. 2	65867. 6

资料来源：《中国农村年鉴》2007—2012 年各年、《中国统计年鉴》2007—2012 年各年、《中国金融年鉴》2007—2012 年各年。其中 2011 年数据部分取自于国家图书馆电子数据库。

利用 Deap 2. 1 软件，使用投入角度（input）、多阶段（multi - stage method）DEA 模型进行数据包络分析，得到以下结果（其中，“drs”和“—”分别代表规模报酬递减、规模报酬不变）。

表 3.2　我国新农村建设资金配置效率测度结果

	规模效率（scale）	技术效率（crste）	纯技术效率（vrste）	规模报酬形态（scale reward form）
2006 年	1.000	1.000	1.000	—
2007 年	0.991	0.991	1.000	drs
2008 年	0.988	0.988	1.000	drs
2009 年	0.897	0.870	0.970	drs
2010 年	0.909	0.909	1.000	drs
2011 年	0.916	0.945	1.000	drs

根据表 3.2 的数据处理结果可以看出，2006 年至 2011 年，在我国新农村建设资金的配置中，从规模效率看，仅 1 个年份有效，其他 5 个年份均未达到有效前沿。说明我国新农村建设资金投入分散问题一直存在，缺乏有效的整合，未能集中财力发挥规模效益；从技术效率看，有 1 年达到了技术前沿，其他年份则有程度不同的差异。技术效率即在规模报酬不变（CRS）基础上，支农资金在最大产出下最小的投入量，可以衡量是否存在资金使用上的不足或浪费现象。2009 年，这个数值仅 0.87，为 6 年中的最低值，这也与当年我国为摆脱美国金融危机的影响推出了 4 万亿元扩大内需的投资计划，涌入农村的资金比上年大幅增加，部分资金未能得到有效利用的现实情况相符合；从纯技术效率看，5 个年份显示有效，2009 年的数值为 0.97，相对偏低。但这样的测试结果与支农资金运行的实际情况相比仍然过于乐观，未能真正反映支农资金在组织监督过程中存在的问题，需要辅以其他研究方法作更进一步的分析；而且，无论是技术效率、纯技术效率或者规模效率，从 2007 年起，一直表现为规模报酬递减的形态。

第二节　新农村建设资金配置中存在的问题

一、新农村建设中存在的问题及原因

新农村建设作为一项规模巨大、影响深远的工程，在取得巨大成就的

同时难免出现这样那样的问题，从支农资金使用的角度看，主要表现在以下几个方面。

（一）支农资金运行过程中存在监管漏洞

新农村建设以来，各地在使用财政支农资金时，除固定支出切块分配外，支农专项一直实行项目合同管理。项目的申报由项目单位提出，经各级财政部门和主管部门审核后，报上级财政局。项目申报材料一般包括项目规划、年度实施计划、项目预（概）算、资金来源、可行性报告及效益预测。是否立项则采取组织专家论证的方式。已获准立项的支农项目，必须层层签订项目合同，一直到项目执行单位。项目合同要明确有关部门和项目单位的权利、义务和责任。大额支农专项资金和重点项目资金要推行项目单位法人责任制。对单项财政补助金额超过一定数量的大额项目和政府确定的重点工程项目，要求建立项目资金行政法人责任制，签订项目法人责任书，项目单位的行政法人要对项目资金的合法有效使用负终身责任，发现问题首先追究项目法人的责任。大额支农专项资金和重点项目实行项目完工报告制度和完工审计制度。项目完工后项目单位要报告项目完成情况、资金使用情况和预（概）算执行情况，连同社会监督部门或中介机构的审计报告一并上报同级财政部门。项目单位应自觉接受上述部门和监督部门的检查和审计。省级农口各部门支农资金的使用情况由省财政厅（局）农财处、监督检查处并请同级审计部门，每年开展一次以上的专项检查或专项审计；市县财政部门要负责市县支农资金（含市补专项资金）使用情况的检查，每年报告一次检查情况；省级农口企事业单位财务部门要主动与本单位审计部门相配合，做好内部审计和财务监督工作，每年至少对财政支农资金使用情况进行一次检查和审计，并将检查结果报省级财政部门。省级财政部门将会同相关机构对部分市县财政局和省级农口企事业单位的检查结果进行抽查。为保证审计结果的公正性，部分项目交由社会中介组织进行审计。对各级财政部门、监督部门和中介机构通过正常审计程序可以发现而未能发现的问题，在追究项目单位有关责任人员的同时，要按照有关行业管理规定，会同注册会计师协会等职能部门依法追究有关检查和审计人员的责任。对检查和审计中发现的问题坚决按照有关规章制度进行惩处，追究有关责任人员的责任，违法违纪的单位和人员交由监察和执法部门，依法追究其行政、刑事责任。对重大违法违纪问题在全市进行通报。

应该说以上规定是科学、合理、严谨有效的。但是，由于多种原因，依然漏洞频现。在立项过程中，部分专家没有起到认真审核的作用，对申报材料不作真实性调查，一些明显虚假的材料居然看不出来，部分申报预算远远超过实际需求，许多不可能产生预期效益的项目也获得了不菲的资金资助，为项目的实施埋下了隐患。项目法人责任书、完工报告制度、定期专项检查更多是按惯例履行的一种程序，很多时候往往形式大于内容，并没有真正起到震慑和监督作用。内部审计、财务监督在部门利益主导的背景下，如果没有强大的外部压力，反而会促使部分单位掩盖问题，而不是暴露或解决问题。中介审计，理论上分析由于中介是站在第三方的立场上开展的独立的监督活动，应该取得较好的效果。但中介也有自身的利益，已经有事例证明因中介弄虚作假而造成的审计失误。从审计取向看，许多项目侧重于资金来源、到位情况与财务收支，而对投资损失的主要发生点——项目设计、招标、施工过程中的监督不够。责任追究的实施基本依靠行政管理关系，导致行政管理者的权力越大追究越难，形成对行政部门及人员的责任追究流于形式。制度终归要依靠人来执行，完善、严厉的制度能不能落实并发挥效力，还取决于人的因素。再好的制度，如果得不到有效的落实，对财政支农资金的监督只能是一句空话。

（二）支农资金的整合机制有待完善

新农村建设以来，全国各地支农资金来源渠道丰富。从资金主体看，既有来自于中央级的，也有来自于市级的，还有来自于区县级的；从用途看，既有农业基本建设资金、农业综合开发资金、农林水利气象费用、农村教育和卫生费用、农村社会保障费用等；从职能部门看，涉及农业、林业、水利、国土资源、发改委等若干个部门。事实上，自2006年起，按照统一城乡发展的决策，各省市、自治区在支农资金的使用上采取了多种有针对性的管理措施，有的地方实行“部门联动、政策集成、资金聚焦、资源整合”的办法，有的地方提出确保“资金随着机制走、资金随着项目走、资金随着管理走”的要求。但不容忽视的是，支农资金在整合上仍然存在着一些值得关注的问题。虽然所有的财政支农资金都经过了预算安排，但实际管理权仍分散在多个部门。如涉及农村公路建设的资金就由建设部门、交通部门分别管理。以农民培训为例，既有来自于农业综合开发办、扶贫办的资金，也有来自于科技局、水利局、农业局的资金，即使是同一个部门，也存在于不同的项目中，如“良种繁育”“农村劳动力转移阳光工程”“新青年农民培训”等。由于现行行政体制导致一些政府部门工作职能交叉、重叠，事权不清，客观上部门利益广泛存在，除财政部门外，还有一些机构掌握着支农资金初次、二次分配权，再加上信息不对称等因素，各区县乡镇每年能从上级部门要到多少钱，年初预算很难准确反映。有的涉农项目经包装后，既可以申请农业部门资金，也可申请科技部门资金，还可申请财政部门的资金和发改委的资金，存在多头申请、重复申请，“不要白不要”的现象，申请过程中容易滋生腐败。例如：江西省的一个农业项目基地被五六个部门同时指定为“示范基地”，每个部门都有资金投入。

不同渠道的财政支农资金在管理方式和管理要求上不一致。在工程管理上，有的实行工程招标，有的实行委托或协商方式。在材料采购上，有的实行政府采购，有的实行定点供应。在资金管理上，有的实行报账制，有的实行直付制，有的实行转拨方式。不同部门安排的同类项目资金都有各自的管理办法和要求，容易造成漏洞，产生混乱局面。多头管理，不利于统一监督，造成高投入低效益。

按照现有的规定，在上级财政下达农业项目资金时，下级财政必须按一定比例拿出相应配套资金，以便加大投入力度。由于各级政府之间事权财权划分不明确，且事权与财权不一致，财力从上到下逐级递减，很多地方政府因为财力有限，配套资金难以完全到位，影响了项目实施的完整性。而且从上级拿到资金后，主管部门不同程度地存在滞拨、挤占、挪用、不能足额到位的情况，甚至造成损失浪费。例如：2009 年，北京市部分区县残疾人就业保障金使用不规范，涉及资金 256 万元，其中 62 万元被用于精神病防治院的修缮、残联车辆的购置等。昌平区 252 家用人单位安排残疾人就业 985 人，应享受补贴 433 万元，但区残联直到 2010 年 4 月才向相关单位发放。除此之外，相当一部分支农项目还处于“重争取、轻管理”的状态，事前的可行性研究不充分，审批环节不严谨。有的项目或预算过高，或在实施范围、建设内容上有相当程度的交叉重复。有的项目或夸大社会效益，或不能产生预期的经济效益，或以项目承包形式隐性流失。财政监督乏力，浪费与不足并存。

（三）全国支农资金投向急需转型

2006 年以来，新农村建设的资金投向主要是基础设施建设。结合当时全国各地区农村的实际情况，这一决策无疑是正确、及时且收效显著的。经过十年的努力，到目前为止，全国绝大多数农村交通、通讯、文化设施、生态环境与社会保障等都得到了快速的发展。而一些能直接推动全国经济社会可持续发展的产业或经济组织则相对薄弱。一是设施农业与特色农业。设施农业是整合资金、土地、科技、市场等要素的高效农业，是各大中城市郊区推动农业结构调整的重要手段。但是，全国尤其是近郊区，受城市化进程影响，大量的年轻农村劳动力外出打工，或常年在农村与城市之间“两栖”流动，不愿意专心从事农业生产。留守农村的农民年龄都偏大，在精力、知识、新工艺、新技术吸收和接受方面都存在一定困难。设施农业投入成本高，建设 1 亩永久性节能日光温室约需资金 12. 82 万元，土钢结构的低档日光温室也需资金近 5 万元，建设 1 亩镀锌钢管结构大棚需 2. 4 万元，钢架大棚 1. 9 万元。尽管各省、市区（县）财政均出台了不同标准的补贴政策，但仍需农户或农村集体投入一定比例的资金。对于经济基础薄弱的农村来说，没有足够的实力来完成前期投入，资金短缺仍是制约设施农业建设的重要因素之一。家庭联产承包责任制后，农村的土地使用权被分割，任何一个农户或企业扩大设施农业经营规模都会受到土地流转的限制，使设施农业难以发挥规模效益。农业科技服务网络不太健全，区、镇（乡）级农技人员数量少，技术支撑力度不够。很多设施主体建设完成后，由于产前育苗、产中设施专用机械、产后储藏加工设备不配套，机械化程度低，劳动强度大，致使农户在生产过程中，作业不规范，技术不到家，导致设施农业的增产增收潜力得不到充分的发挥。二是乡镇企业。新农村建设以来，各地乡镇企业在稳步发展的同时，势头并非持续向好。表现出企业经营过程中因优胜劣汰而产生的正常集聚效应。但企业个数除工业行业略有增加外，其他行业均有不同程度的下降。近几年来，全国农业观光园持续减少。无论是企业或是农业观光园，其开业与关闭，不可避免地会造成大量的资金浪费并产生相应的不良资产。三是农民专业合作社。新农村建设以来，在有关方面的努力下，全国农民专业合作社得到了快速的发展。形成了多领域、多行业、多层次分布的局面，成为推动全国农村经济发展的重要力量。但由于多种原因，仍然存在着组织规模偏小、与市场联系不够紧密、政策扶持不到位等问题。一般情况下，农民专业合作社多以个人合伙形式登记，章程制订不规范，制度不完善，会员权利、义务不清，重大事项的决策程序不明，社员参与合作社管理的主动性和积极性都不高。一些农村基层政府还没有意识到专业合作社对发展农村经济的重要作用，缺乏构建和发展专业合作社的责任感和紧迫感。相当一部分农民专业合作社注册资本少，实力差，与市场联系不紧密。业务上仅限于向成员提供技术信息、生产资料、产品回收等服务，产业链条难以延伸。许多合作社缺乏商标意识，管理人员素质低，在对内协调指导、对外市场营销等方面存在着知识与经验的不足，同时缺乏资金、技术，在引进新品种、发展新项目上心有余而力不足，致使合作社的合作功能得不到应有的发挥。

正是由于以上诸多原因，新农村建设以来，与全国基础设施建设的成就相比，农民增收的速度相对偏慢，与城市居民的收入差距也没有明显的缩小。2006 年，全国农民人均纯收入为 3587 元，城镇居民人均可支配收入为 11759. 5 元，两者的差额为 8172. 5 元，到 2015 年，全国农民人均纯收入为 10772 元，城镇居民人均可支配收入为 31790. 3 元，两者的差额为 21018. 3 元，农民人均纯收入只有城镇居民人均可支配收入的 1/3。2006 年，农村居民人均消费水平 2950 元，城镇居民人均消费水平 10618 元，城乡消费水平比为 3. 6，2015 年，农村居民人均消费水平 9630 元，城镇居民人均消费水平 27088 元，城乡消费水平比为 2. 8①，比 2006 年缩小 0. 8 个百分点。在农民人均纯收入远低于城镇居民的背景下，城乡消费水平比的缩小，说明农民将更多收入用于了当前消费，其财富的后续积累能力削弱，不利于城乡贫富差距的缩小。据统计，按照农民年人均纯收入 2300 元（2010 年不变价，相当于每天 1 美元）的扶贫标准，到 2015 年底，我国农村贫困人口仍有 5600 万人。若干年以来，国家一直依靠经济增长来推动收入增长，但仍有一些人因为健康或其他原因生活艰难。政府对贫困人口的主要救助方式是低保制度，但低保的资格标准和对象选择全部由地方政府决定。在监管不力的情况下，村委会的选择具有较大的随意性，导致真正的贫困人口得不到帮助。按世界银行每天生活费 1. 25 美元的标准，我国农村贫困人口逾 2 亿人。统计显示，2014 年，在全国约 1010 万名城乡贫困老人中，农村占 860 万人，老年农民的贫困率是城镇的 3 倍以上，城镇老人的收入是农村老人的 4. 7 倍。② 显然，提高全国农民的总体收入水平尤其是低收入群体的收入水平，已是下一步新农村建设的迫切任务。

表 3. 3　2006—2012 年城乡居民家庭人均收入及绝对差

	农村居民家庭人均纯收入（元）	城镇居民家庭人均可支配收入（元）	城乡居民人均收入差（元）
2006 年	3587. 0	11759. 5	8172. 5
2007 年	4140. 4	13785. 8	9645. 4

① 2015 年数据来自于 2016 年《中国农村统计年鉴》，依据是国民经济核算资料，与城乡住户抽样调查数据的指标口径不同。

② 张全林：《体现生命权平等》，《北京晨报》，2014 年 12 月 25 日。

续表

	农村居民家庭人均纯收入（元）	城镇居民家庭人均可支配收入（元）	城乡居民人均收入差（元）
2008 年	4760.6	15780.8	11020.2
2009 年	5153.2	17174.7	12021.5
2010 年	5919.0	19109.4	13190.4
2011 年	6977.3	21809.8	14832.5
2012 年	7916.6	24564.7	16648.1
2013 年	8895.9	26955.1	18059.2
2014 年	9892.0	29381.0	19489.0
2015 年	10772.0	31790.3	21018.3

资料来源：根据2007—2013年《中国农村统计年鉴》、2016年《中国农村统计年鉴》整理。其中2013年及以后的数据根据可比口径使用城乡一体化住房收支与生活状况调查数据推算获得，与以前的数据有差异，特此说明。

表3.4　2006—2015年城乡居民消费水平

	全国居民消费水平（元/人）	农村居民消费水平（元/人）	城镇居民消费水平（元/人）	城乡消费水平对比（农村居民=1）
2006 年	6299	2950	10618	3.6
2007 年	7310	3347	12130	3.6
2008 年	8430	3901	13653	3.5
2009 年	9283	4163	14904	3.6
2010 年	10522	4700	16546	3.5
2011 年	12570	5870	19108	3.3
2012 年	14098	6515	21120	3.2
2013 年	16190	7773	23609	3.0
2014 年	17778	8711	25424	2.9
2015 年	19308	9630	27088	2.8

资料来源：根据2007—2013年《中国农村统计年鉴》、2016年《中国农村统计年鉴》整理。其中2013年及以后的数据来自于2016年《中国农村统计年鉴》，依据是国民经济核算资料，与城乡住户抽样调查数据的指标口径不同。

（四）现有金融体系还不能满足新农村建设的需要

新农村建设以来，农村金融组织不断丰富，除传统商业银行、政策性银行外，村镇银行、小额贷款公司、农村资金互助社、农业投资公司、农业担保公司、农业产业投资基金、政策性农业保险机构等相继出现，金融支农体系得到了很大程度的完善。“三信”工程稳步开展，部分地方农村金融综合改革实验区发挥了先行作用，为全国农村金融市场的繁荣打下了良好的基础。但从目前来看，全国金融支农资金投入少、结构单一的局面并没有得到根本的改变。贷款余额来源渠道单一，主要集中于中国农业银行与各地农村商业银行，说明其他金融机构对该领域的关注十分有限。本书在撰写过程中，曾配合某专项研究设计了一份针对金融领域的问卷并在四川、广西开展了新农村建设情况的抽样调查。发放600份，回收586份。从调查结果看，76.4%的人未向金融机构申请过贷款，只有48.6%的人顺利获得了贷款。从贷款的主要用途看，67.3%的人用于种植业生产，22.4%的人用于畜牧业生产，13.2%的人用于手工业生产，仅有8.4%的人用于生活周转或用于大型家电消费。申请贷款时，92.3%的人被要求提供担保物，64.8%的人选择农户联保，27.3%的人选择住房担保，7.9%的人选择土地经营权、水域、果园或其他使用权担保。54.2%的被调查者参加了全国“三信”工程建设，其中信用户51.3%，信用村12.5%。如果向银行贷款后，出现不能按时还款的情况时，36.7%的人选择想方设法向他人借钱偿还，56.6%的人选择向银行说明情况申请展期，5.2%的人选择能还就还，还不起也无所谓，只有1.5%的人不打算偿还。被问到现有银行在贷款时的主要问题时，68.2%的人认为手续太繁杂，71.3%的人认为条件太苛刻，66.7%的人认为利率太高。无疑，涉农贷款的独特性削弱了金融支持全国经济发展的动力。农业是高风险行业，自然灾害可能造成农业减产甚至绝产，农村经济信息传递相对滞后，涉农贷款风险补偿机制不健全，都市型现代农业的资金需求量大且期限长，只有各项资金供给互相协调，才能保证生产经营活动的相对稳定。这些因素，都会影响农业的收益，威胁涉农贷款的安全。由于农业收益不稳定，在市场机制的自发作用下，以利润最大化为经营目标的商业银行，必然将资金投向预期收益更高的非农领域，形成逆向资源配置，即最需要资金的农村却成为金融资源的净流出地。对多数农户而言，比较有价值的财产是土地承包经营权或宅基地，但这些财产作为抵押物目前还受到法律的约束。在远郊区县设置或维持网点的成本往往高于收益，导致商业银行在农村地区不愿设立机构甚至撤并已有的机构，形成全国金融服务的盲点或空白。北京城乡结合部城市化、农村城镇化主要通过政府融资平台来推动，许多郊区县政府融资平台面临资本金缺乏、资产负债率高企、偿债过于依赖土地出让金等问题。财政支农资金直接用于农业生产的比例偏低，对促进农业生产，提高经济效益和增加农民收入等方面，短期内效益不明显，从一定程度上影响了金融、企业单位和民间投资投入农业项目的积极性。农村社会事业发展不会产生持续的收益流，政府未来转移支付成为还本付息的主要保障，商业银行在该领域的投入受到较大限制。目前，无论是财政资金的激励和引导，还是金融机构的响应和跟进，一厢情愿或两不相干的现象较为常见，制度环境的不完善制约了全国金融资源配置的发展空间。

2009 年，国家针对全球金融危机的刺激政策发挥了效用，国民生产总值（GDP）增长 9.1%，银行业金融机构资产总额比 2008 年同期增长 26.3%。但农村中小金融机构整体发展却基本上呈现原地踏步的状态。其资产总额占全部银行业金融机构资产的 11%，反而比 2008 年同期下降了 0.48 个百分点。2016 年，全部金融机构各项人民币贷款余额 106.6 万亿元，比上年增加 12.6 万亿元，增幅为 11.82%。主要农村金融机构（农村信用社、农村合作银行、农村商业银行）人民币贷款余额 13.42 万亿元，比上年增加 1.39 万亿元，增幅为 10.36%，占全部人民币贷款余额的比重仅 12.59%。近年来，中央政府层面加大了对农村金融领域的支持力度，监管部门也引导社会各方在农村设立分支服务机构，并对其实施针对性考核。在政策的指引下，各类银行也加大了对农村地区的信贷投入。但由于我国城乡固有的二元经济的影响，农村经济的发展处于弱势状态，信贷收益难以覆盖风险等原因，长期以来农村金融服务的供给仍显得不足，农村地区网点覆盖率低、竞争不充分、服务能力不足、金融服务空白的问题仍然非常明显。目前，在众多金融机构中，农村商业银行、农村合作银行和农信社等农村中小金融机构是农村金融的“主力军”，是县域农村地区信贷投放和金融服务的主要提供者，但历史包袱和管理体制问题一直成为困扰其发展的主要障碍。在税后净利润这一重要的经营指标上，农村中小金融机构表现参差不齐。因为农村经济的相对弱质性，农村中小金融机构的不良贷款率相对来说仍然较高，风险管理的任务显得较为艰巨。

二、新农村建设中问题的负面表现

新农村建设以来，由于支农资金量大面广，绝大部分不得不通过委托代理关系甚至是多重委托代理关系来得以实施。委托代理是经济学的一个常见问题，委托代理博弈广泛存在于社会经济生活的各个方面。委托人将一定事项交给代理人办理，按照约定条件支付报酬。由于双方目标不一致，再加上不对称信息的存在，拥有私人信息的代理人可能会利用自己的信息优势使自己的利益最大化，从而损害委托人的利益。委托代理博弈最早用于企业组织结构的研究。贝利（1932）和米因斯（1932）指出，在大型企业中，股东将企业委托给职业经理人经营，由于股东不能完全观察到经理人的行为，经理人存在使自己利益最大化的可能，产生道德风险。梅耶森（1991）将委托代理分为两类模型，认为所有由参与人选择错误行动引起的问题称为“道德风险”模型，如贿赂与非法回扣，所有由参与人错误报告信息引起的问题称为“逆向选择”模型，如对应该报废的物品进行欺骗性投保等。委托代理博弈贯穿于我国支农资金运行的整个过程和各个环节，并已成为影响我国支农资金运行效率的重要因素，委托代理关系的关键问题是设计一个有效的合同，使代理人根据委托人的目标来行动。假定 A 代表代理人所有可选择的行动组合；a 代表代理人的一个特定行动，如工作努力程度、为提高效益降低成本而采取的措施等；θ 为外生随机变量，如自然灾害、政策因素等；π 为产出水平。a 和 θ 共同决定一个可观察的结果 $x(a, \theta)$，π 是 a 的严格递增函数，即代理人越努力，产出越高。对委托人来说，关键是设计一个最优合同，使代理人能够按照自己的目标来选择行动。在对称信息下，a 是可以观测到的，委托人有条件根据观测到的 a 对代理人实行奖励或处罚。如果代理人选择 a^*，将得到 $s(a^*)=s^*$，否则只能得到 $s<s^*$，使得下列条件成立：$\int u(s(a^*))f(x,\pi,a^*)dx - c(a^*) > \int u(s(a))f(x,\pi,a)dx - c(a)$

$$\forall a \in A$$

只要 s 足够小，代理人绝对不会选择 $a \neq a^*$。因此，在对称信息下，帕累托最优风险分担和最优努力水平能够同时实现，最优合同可以表述为：

$$s = \begin{cases} s^*(\pi) = s^*(\pi(a^*,\theta)) & a \geqslant a^* \\ \underline{s} & a < a^* \end{cases}$$

根据最优合同可知，委托人要求代理人选择 a^*，由于信息对称，委托人可以观测到代理人的全部行动，如果代理人确实选择了 $a \geq a^*$，将得到 $s^*(\pi)$ 的报酬，如果代理人偷懒，只能得到 $\underline{s}$ 这个较低的报酬，代理人为了自己的利益也将付出足够的努力。在不对称信息下，委托人不能观测到代理人的行动 a 和外生随机变量 θ，只能观测到产出水平 π，而 π 不仅取决代理人的行动 a，而且取决于外生随机变量 θ。代理人有条件将低产出归因于 θ，而委托人由于不能确切评判 a，难以证明低产出是代理人没有努力的结果。在给定报酬 $s^*(\pi)$ 时，代理人会选择 $a<a^*$ 来提高自己的收益水平，从而产生道德风险。与道德风险相对应的是逆向选择，逆向选择分两种情况：一是委托人不知道代理人的真实信息，从而不能选择到最优的代理人与代理条件；二是在代理条件既定的基础上，代理人有可能与委托人的期望相悖，作出损害委托人利益增进自己利益的选择。这已为我国支农资金的运行现状所验证。近几年来，在支农资金运行领域，无论是道德风险或逆向选择均屡屡发生。

据 2014 年 10 月中纪委公布的巡视整改情况显示，涉农资金已成贪腐高发区。2013 年，全国在农业补贴、农田水利建设等涉农领域查办贪污贿赂犯罪案件人员 12748 人，2014 年前三季度，全国查处各种涉农补贴问题 6000 余起，涉及资金 20 多亿元。最高检的数据表明，2014 年 1—7 月，全国检察机关立案侦查发生在涉农领域贪污贿赂犯罪案件人员 11020 人，占同期立案侦查依法贿赂犯罪案件总人数近四成。其中安徽省涡阳县仅农委系统即立案查处 7 件 9 人，涉案金额高达 1000 万余元。在江西余江县，一起村干部贪污粮食补贴款案牵扯出所在镇 18 个村委会干部交代贪污粮补资金近百万元。涉案干部坦言，侵占粮食补贴款当自己的福利已成惯例，有的干部甚至为自己一户办了 4 张或更多惠农补贴卡，虚报冒领上百亩的粮补资金。"过去涉农的部门被认为是清水衙门，现在看起来却'清水不清'。"多地检察官指出，随着惠农政策的含金量越来越高，当前涉农资金分配已经成贪腐重灾区，不仅涉案金额越来越大，而且涉案环节多，"窝案""串案"呈增多之势。克扣农民征地拆迁补偿款、挪用套取农业专项资金、违规发放农村危房改造和低保等涉农资金腐败问题突出，仅仅不按标准及时足额发放农民征地拆迁补偿款、侵占挪用包括支农补贴在内的各种补贴资金问题就达 6499 起，涉及金额超过 20 亿元。农业开支一度被认为受腐败影响较小，但随着国家将更多资金投入农村发展以缩小城乡差距，在很多地方政府部门，关于资金如何使用没有独立的审查机制，由于新农村建设以来国家大力投资乡村地区，用于农业项目的公共资金已经成为腐败的一个"增长区"。下面是部分典型案例的介绍。

（一）农业部 2007 年度预算执行和其他财政收支情况的审计结果

2007 年 12 月至 2008 年 3 月，审计署根据《中华人民共和国审计法》的规定，对农业部 2007 年度预算执行和其他财政收支情况进行了审计，并抽审了 16 个所属单位，其中包括 5 个京外单位。

审计结果表明，农业部 2007 年度预算收支基本符合国家有关预算和财经法规的规定，但也发现了一些问题：（1）财政专项资金 2100.60 万元未细化到具体执行单位。（2）在项目初步设计尚未得到批复的情况下，下达

“信息化设备采购”等投资计划并相应安排资金 2280 万元。(3) 所属中国动物疫病预防控制中心实有人员 61 名，却按编制人数 90 人申报 2007 年人员经费预算，多申领财政资金 59. 86 万元。(4) 部分所属单位扩大开支范围支出 2436. 67 万元。(5) 部分所属单位未经批准超预算支出 1370. 25 万元。中国动物疫病预防控制中心、东海区渔政局等 4 个单位未经批准，超预算支出 1370. 25 万元。(6) 部分所属单位未经批准将办公楼等国有资产对外出租，取得出租收入 233. 07 万元。(7) 所属东海区渔政局码头疏浚工程未实行政府采购而与施工单位签订施工合同，合同金额 61. 89 万元；购买的一体机、投影机、照相机、摄相机、空调和汽车保险等 22. 37 万元未纳入政府采购预算；通过政府采购购买的电脑、打印机、复印纸等超预算支出 25. 18 万元。(8) 部分所属单位的财政拨款项目资金年末结余较大。截至 2007 年底，中国热带农业科学院、中国动物疫病预防控制中心等 5 个单位“国家科技支撑计划课题”“血吸虫病农业综合治理”等 30 个项目可用财政资金 23 244. 11 万元，已支出 6153. 92 万元，结余 17 090. 19 万元，结余资金占可用财政资金的 74% 。等等。

与此同时，审计署还重点审计了海南省农垦总局及所属单位存在的问题。(1) 所属八一总场中学私设“账外账”，截留收入累计 2545 万元。八一总场中学自 2005 年开始，私设“账外账”，截留应上缴的各项收入和部分违规收取的学杂费并存入个人账户。截至 2007 年底，截留收入累计 2545 万元（其中违规收取的学杂费 457 万元），账户余额 110 万元。(2) 编制预算不实，多申领财政资金 507 万元。该局财务处代编该局所属事业单位 2007 年度“住房公积金”预算 3015 万元，而该局所属单位事业编制人员实际缴存的资金为 2508 万元，多申领“住房公积金”预算资金 507 万元。(3) 虚列支出 551 万元。2006—2007 年，该局以拨付学校经费的名义拨给农垦中学 551 万元，并要求该中学将此资金划入该局财务处自有资金账户，以“收回”此前该局借给农垦中学用于基建项目的 551 万元。(4) 2007 年，该局机关事务管理局在公用经费中支出职工电话费补贴、休假补贴等人员经费共计 287. 44 万元。(5) 财政拨款项目资金年末结余较大。该局下属红光中专、海口中专等 8 个基层预算单位 2007 年由中央财政拨款的项目资金 12512.55 万元，年末结余 5823.82 万元，占 47%。

对上述问题，审计署已按照国家法律、法规的规定，及时出具了审计报告，下达了审计决定书。对财政专项资金未细化的问题，要求加强项目预算细化工作。对所属单位编制预算不实，多申领财政资金的问题，要求将多申领的资金上缴中央财政。对扩大财政项目支出范围和在公用经费中列支人员经费的问题，要求农业部责成有关单位加强预算支出管理，严格执行预算。对财政拨款项目资金年末结余大的问题，要求农业部责成相关单位加快项目进度，提高财政资金使用效益。对海南省农垦总局存在的问题，已专门出具移送处理书，要求海南省人民政府明确有关部门督促海南省农垦总局整改，并及时函告整改结果。但总体来说，处理太轻，许多问题已经违反法律，应该追究刑事责任，但真正承担责任的人很少，这也是近几年来贪污腐败盛行的重要原因之一。再深入分析该审计情况，主要问题包括：财政专项资金未细化到具体执行单位，给挪用浪费留下了机会。项目初步设计尚未得到批复即安排资金，无法保证项目效果且违反资金使用程序。多于编制人数申报人员经费预算，存在着套取国家资金的主观故意。扩大开支范围、未经批准超预算支出、未经批准将办公楼等国有资产对外出租、未实行政府采购而与施工单位签订施工合同、应纳但未纳入政府采购预算、通过政府采购购买的物品超预算支出、财政拨款项目资金年末结余较大、私设“账外账”截留收入、编制预算不实多申领财政资金、把公用经费用于个人不当支出等种种行为，不仅存在于农业部的被审计单位，在我国多个涉农资金部门普遍存在，严重影响了支农资金的配置效率。

（二）农村水利建设领域的违法违纪事件

从“一把手”到普通干部都从水利工程中“渔利”，以江西省九江市水利局原党委书记、局长裴木春为首的水利系统腐败窝案，涉案人员 158 人，收缴违纪违法款 7600 余万元。九江市水利工程项目长期以来“体内循环，内部操纵”。通过所谓“专业代理人”参与水利项目招投标，以相互串通，私下达成围标协议、借用资质、买通评委等手段，非法取得水利工程项目，再将中标项目卖给其他水利公司，并从中获利。按九江市水利局的规定，2005 年以来，建设队伍要想在九江市投标水利项目，必须挂靠九江市水建公司，水建公司则从中渔利。此外，九江市水建公司还长期与各县区水建公司“合作”，买断市水建公司在县区的投标权，各县区水建公司向市水建公司上交管理费。江西中申建筑公司董事长张平从九江水建公司下海后，长期从事水利工程非法投标活动。2008 年，九江市 8 座中型水库对外招标，张平邀集万某、于某分别借用数十家公司资质参与投标，市水建公司也借用多家公司资质参与投标。为垄断中标资格，市水建公司以支付 70 余万元的代价，让张平及其同伙放弃投标。2009 年，九江市十里河 I 期工程对外招标，刘某、胡某分别借用多家公司资质参与投标，市水建公司借用 6 家公司资质投标。刘某和胡某为中标，就通过张平找到胡江串通，愿意支付给市水建公司 54 万元，随后，刘某、胡某顺利中标该工程。

据纪检部门调查，裴木春在担任九江市水利局长期间，利用手上的职权，导演了“一人得道，鸡犬升天”的场面。高某原是裴木春老家湖口县的乡村木匠，裴木春将高某安排到市水建公司上班，并授意市水建公司将多个水利项目交给毫无土木工程管理经验的高某承建。2009 年下半年，高某从水建公司承建九江市当年最大的病险水库除险加固工程——彭泽县浪溪水库工程。这是一座以防洪、灌溉为主的中型水库，关系到彭泽县浪溪镇几千群众的生命安全和 3.8 万亩农田的灌溉。浪溪水库工程在关键的防渗墙施工时，高某为节约成本，竟然自己组织人员用土办法施工，边施工边“实验”。因为“实验”失败，导致亏损，高某便计划从其他工程中虚报工程量捞回资金。2010 年，在裴木春的指示下，彭泽县水利局、监理方、施工方相互“配合”，从防渗墙、溢洪道等工程中虚报套取 100 万元工程款，高某从中分得 55 万元，彭泽县水利局分得 45 万元并放入“小金库”。此外，裴木春还将其外甥范某从湖口县水利局调到市水利局担任自己的司机，并违规将其从普通职工提拔为市水利局安监科副科长；将妹夫汪某、妻子的侄儿何某、妻子的侄女婿郑某安排到市水政监察支队执法点工作。

除江西省九江市外，在产粮大县——山东省商河县也发现投资数千万元的小型农田水利设施项目，未经使用就大面积报废。面对这项被指“干涸了民心”的摆设工程，当地政府宣称“三十年不落后、五十年正常用”，该县水利部门主管官员竟称是“省里认可、造福于民的优良工程”。中央财政小型农田水利设施建设意在打通灌溉“最后一公里”，这样一个豆腐渣工程，竟在2011年8月通过了山东省财政厅、水利厅的考评验收，结论是“所有工程运行良好，均达到设计要求”，确定该县为优秀等次，予以通报表扬，并对该县2011年小型农田水利设施项目加大资金补助力度，而这样的验收模式本身就是在鼓励豆腐渣工程；湖北省浠水县五洲大畈灌渠是国家高产良田项目，投资上百万元，通过了国家、省、市农业开发办等各级验收，却无法启用，成为摆设工程。该项目立项时未征求当地村民的意见，建设中已发现了问题却反映不上去。

（三）农村扶贫教育领域的违法违纪事件

据民政部的数据显示，2014年3季度，我国城市、农村低保平均标准分别为每人每月401元、216元。金额虽“小”，但关乎困难群体生存的“大”问题。然而，在不少违规低保案件中，被查处的却是负责管理低保的村干部、街道干部。青海省民政厅公布称，2014年已清退不合标低保对象近7万人，占原有低保户总数比例达10%。初步估算2014年底，全省城乡低保对象数量将由2012年的63.5万人减少到56.7万人，每年可节省财政资金2.2亿元。违规低保并非个别地区现象。2013年6月至2014年9月，全国查纠城乡低保错保漏保151.4万多人。

根据相关规定，低保的对象主要是家庭人均收入低于最低生活保障标准的群众，以及无生活来源、无劳动能力、年老病残等生活常年困难的群众。然而，就是这些困难群众的一点微薄的生活来源，也被一些不法人士盯上。尽管近年来清理力度不断加大，违规低保仍然频繁再现。2013年，内蒙古自治区民政厅共清退不符合条件的低保对象10万余人，其中有大量的“人情保”“关系保”。9个月后，又有13.9万违规低保被清退。一些基层官员更是财迷心窍，河南洛阳市新安县五头镇民政所前所长张景华被曝出持有267个存折，全都是从困难群众那里收集而来，用以侵吞包括低保增补资金在内的各类困难群众补贴50余万元。不少群众不会使用存折，把存折放在民政部门托管，给了张景华可乘之机。

2012年，民政部制定了《最低生活保障审核审批办法（试行）》，根据该办法，乡镇人民政府（街道办事处）负责对申请人或者其代理人提交的材料进行审查，并负责将申请材料等报送县级人民政府民政部门审批。然而，作为惠民政策执行机构的基层管理部门却在许多私吞低保的事件中欺上骗下，中饱私囊。根据规定，困难群众申请低保的流程大致可概括为群众申请—审查受理—家庭调查—民主评议—审核审批—资金发放—动态管理。然而，在这个流程中的每一步，偏离制度，篡改、歪曲的现象比比皆是，腐败丛生。湖南耒阳长坪乡谭南村原村支书黄国华等人篡改民主评议会议记录来决定低保指标的归属，还有一些地区的民主评议会长久以来没有村民代表参加。2012年12月至2013年12月期间，浙江温岭一社会救助员利用职务之便，采用冒签他人名字的方式，26次冒领19名补助对象的补助款11万余元，并用作个人使用。根据规定，当家庭人口、收入和财产状况变化时，低保家庭应报告，上级部门应复核。然而，一些地方并不重视或是刻意无视这种动态管理，频现“死人吃低保”事件。2011年，江西省湖口县被曝出某村民过世后仍旧领了2年的低保金，而其子是当地民政部门干部。

低保申请三年无果，农村里真正的穷人拿不到低保，村干部自己倒是吃上了低保。在海南临高县和舍镇龙贤村，多位村民反映，村里谁家是低保户不得而知，村干部会告诫已领到低保的人不要对外声张，否则明年将不再批准申请。许多村民对农村低保政策一无所知，对谁吃低保、怎么才能吃低保等不知情。据海南省民政厅调查结果显示，和舍镇11个村委会干部75人中，村干部本人或者近亲属享受低保有42户，其中不符合保障条件违规纳保的有17户。根据2013年中国社科院发布的《社会保障绿皮书》显示，在安徽、福建、江西、河南和陕西5省696个低保户抽样问卷调查中，约6成不是贫困家庭，有近8成的贫困户没有享受低保救助。

扶贫专干，本是负责帮扶贫困地区建设，执行国家各项扶贫政策，监督扶贫资金使用，指导和带领贫困人口、贫困地区脱贫致富的光荣岗位。然而宁夏灵武市曾连续3年获得优秀公务员称号的扶贫专干周汉福，却贪污国家危房改造补助款25万元，被判13年6个月的刑期。周汉福负责对各村上报的危房改造名单进行复核上报。2009年以前建房的农户，按照政策规定，每户4000元补助。2010年政策调整，危房改造补助款调至每户1.1万元。2011年，郝家桥镇根据分配下来的建房指标进行预测，上报了指标数。但指标下达后，有些农户到验收期仍未能完工，出现一部分指标空缺的情况。周汉福意识到危房改造款的申报和发放过程中存在漏洞，利用其自身职务之便，骗取补助款。经查，周汉福在2010年至2011年利用职务便利，共贪污国家危房改造补助款25.2万元；此外，还收受贿赂1万元，将郝家桥镇兴旺村不符合危房改造申报条件的15户农户，列入花名册进行复核上报，让这15户骗取国家危房改造补助款25.4万元。

另外，骗取农民工培训补贴之事也屡屡发生。重庆市大渡口区、贵州省部分区县一些培训学校或编造假学生名单，与厂家负责人分赃；或夸大办学能力，没有培训场地，却一年申请数千个培训指标；或培训时走过场，糊弄几节课，收齐农民工身份材料领取补贴；或干脆重金贿赂劳动就业部门领导，直接买指标。

（四）农业生产流通领域的违法违纪事件

瓜菜大棚建设让海南省12名农业局正副局长落马。涉及9个市县，几乎占到全省市县的一半，涉及违法违纪金额超过1亿元。2014年7月，海南省审计厅在涉农专项资金绩效审计报告中指出，审计资金21.55亿元中，查出违纪违规金额5.05亿元，其中瓜菜大棚建设补贴资金方面违纪违规现象突出，涉及虚报冒领、闲置浪费的大棚补贴资金过亿元，主管部门严重失职甚至渎职。海南省纪委通报，全省19个市县中有9个市县农业系统官员因大棚补贴资金涉嫌违纪，12名正副局长被调查，目前，移送纪检、检察机关的案件就达30起。而且案件普遍呈现窝案性质，令人震惊。为解决海南本地菜价高，常年“菜篮子”建设投入不足的问题，海南省仅2012年和2013年就分别投入1.24亿元和9300万元重点支持常年蔬菜设施大棚建设。一些不法分子为了套取补贴，花重金拉拢掌握审批、审核权的农业系统干部。上级授意、下级操作，大开“绿灯”审核通过后，不法分子成功套取补贴，建好的大棚便丢弃撂荒，“人走棚空”。11个市县121个大棚5180.15亩闲置或损毁严重，涉及补贴资金6746.79万元，其中61个大棚完全损毁，24个大棚闲置弃荒，36个大棚仅是钢架竖立在土地中。大量补贴资金打了“水漂”，市民渴望吃上低价菜的愿望也落了空。如果这些大棚都派上用场，在酷暑和暴雨时也能保证蔬菜供应，一些本地人爱吃的叶菜就不会动辄就每市斤五六元。

在出事的基层涉农部门，上至局长，下至普通干部，都能从申报、测量、验收等环节捞到“油水”。甚至一些干部协助不法分子“弄虚作假”套取补贴。2011年3月到4月间，文昌市无业人员林某、崔某某等人持虚假合同书向文昌市昌洒镇政府申报瓜菜大棚补贴。他们分别向时任文昌市农业局正副局长的符史军和符永诚分别行贿15万元和5万元，这两名官员向下属授意，为林某“开绿灯”。最终在这些大棚还没完工的情况下，就顺利骗取补贴197.04万元。相关审计人员表示，审计过程中，弄虚造假的工程之多令人震惊，疯狂的权力寻租直接导致大量财政资金流失浪费。全省只有昌江县一个大棚施工单位提供了真实造价合同，而其他建设工程中，发现了大量假合同、假发票和虚增面积。原本是国家惠农资金的“把关人”，却成为不法分子“侵蚀”这些资金的“帮凶”。据介绍，大棚补贴程序中，有关部门要对其实际占地面积进行实测核查，就是这样一个细小的环节成为贪腐的“漏洞”。海南屯昌县国土局土地交易与技术服务中心陈某负责运用GPS技术勘测大棚面积，在收受了9万元“好处费”之后，擅自篡改测量数据，伪造了虚假测量图，虚报面积95.28万亩，使得补贴资金135.81万元被骗取。而验收成了“走过场”“廉政为民”的表演。海南省东方市农业局副局长文敬东以及科员苏敏等人收受该市大发农民合作社负责人的贿赂，在验收大棚时本应测量档型、整体质量、面积和钢管重量，但是文敬东等人在不清楚整体质量是否达标的情况下，仅凭大发合作社提供的大棚造价预算材料，就在验收单上标注合格。更为讽刺的是，文敬东在被调查前夕，还在全市预防涉农资金领域职务犯罪专业培训课上大讲廉政为民的道理。农资项目报批存在“送钱快批，不送不批”现象。很多大棚的补贴资金高于造价，不少企业以此赚取差价，而一些真正需要扩大生产、平衡收支的合作社和农户却在审批过程中处处受阻、迟迟拿不到补贴。在2012年查处的该市农业系统部分干部受贿的腐败窝案中发现，农业补贴资金就如同天上掉下的“馅饼”，“给谁都是给”，在项目报批过程中有的行贿资金占补贴资金总额的30%到50%，监督手段完全失灵。由于农业系统人员较少，内部根本无法形成有效的制约机制，容易形成自上而下的利益共同体，违法违纪问题得不到有效监督。虽然农业部门不少审批事项已经下放至市县，简化了审批程序，缩短了审批时间，但限于基层工作事物繁杂，人力少，加上部分干部和公务员素质不高，经常出现敷衍了事现象。根据规定，所有专项资金的开支至少经过3个以上的部门把关，但仍然出现政府职能部门间的内控失效。涉农补贴的申请、审查、批准、发放等多个环节，往往都是由少数几人甚至一人完成的，而系统内监督又通常以报表或自查的形式进行，权力过于集中，极易形成权力寻租空间。

（五）78家农企成处长“提款机”

安徽省农委农业产业化指导处原处长金树芳10年受贿200余次，牵涉粮油、畜禽、餐饮等78家农企，千万家产中，受贿金额250余万元，另有810余万元无法说明来源。检察机关指控，在2004年至2013年间，为了成为省级农业产业化龙头企业，数十家农业企业在申报、评审、复审中，不惜送礼与金树芳“交朋友”，而金树芳则“来者不拒”，最少的一起仅“笑纳”价值2000元的购物卡。2012年7月、2013年8月初，池州市一家木业公司董事长徐某为申报省级龙头企业，两次送给金树芳共计人民币1万元。滁州市一家粮油食品公司董事长为申报国家级龙头企业、争取项目资金等，于2008年至2012年，8次送给金树芳共计人民币5.8万元。据统计，在金树芳高达

1136 万余元的“家产”中，257 万余元是受贿赃款。安庆市一家制衣有限公司在 2012 年第一次参加省级农业产业化龙头企业评定时，刚开始就被淘汰了，原因是没通过审计。第二年三四月，公司补充了一些资料准备复审。公司负责人向金树芳汇报后，到车上拿了两盒茶叶，在装茶叶的袋子里放了 1 万元人民币。2013 年 8 月，安徽省农委下文增补了 36 家企业为省级龙头企业，该公司名列其中。10 年来，金树芳的贪腐行为都未被发现，而是由另一起案件意外牵出，这既给制度建设提出了新要求，更暴露出权力监督的诸多漏洞需要填补。

（六）宁夏涉农领域的蝇贪群象

2017 年 3 月 24 日，宁夏纪委监察厅网站发布消息：通报了数起 2016 年以来查处的涉农领域典型案例。宁夏回族自治区吴忠市利通区杨登俊在负责生态移民搬迁工作及担任利通区扁担沟镇同利村党支部副书记期间，将同心县窑山管委会窑山村空挂户顾某某迁入利通区扁担沟镇同利村落户，借助顾某某银行“一卡通”账户领取国家各项生态移民产业扶持政策补助资金计 15702 元。2017 年 3 月 17 日，经利通区纪委常委会研究决定，给予杨登俊留党察看一年处分，并收缴其套取的补助资金上缴区财政；麻黄山乡麻黄山村村委会原主任沈俊峰在给群众兑现石油补偿款时审核把关不严，将 346275 元水款误兑给其他群众，长达 2 年之久，给工作带来被动，且在群众中造成不良影响。2016 年 7 月 20 日，盐池县纪委给予沈俊峰党内警告处分；王乐井乡双疙瘩村原党支部书记黎金在 2003 年至 2011 年，以村集体名义共计套取 95 亩退耕还林粮款补助现金 107610 元，其中 13530 元补助款由黎金个人占有，直到被查处后收缴县财政。2016 年，盐池县纪委给予黎金党内严重警告处分。

据《宁夏日报》消息①，2011—2016 年，张家塬乡苏家岭村支部书记李占才、村会计李明虎、村主任李永财三人召开会议，研究决定在李明虎、李

① 《宁夏日报》2017 年 6 月 6 日。

永财两人近亲属名下虚报冒领草原生态奖励补助资金32359.1元，其中27000元用于村务开支，李永财个人开支2034元，李明虎个人开支3325.1元，并克扣群众农资补贴补助资金444元。2008—2010年，原任村支部书记李志强克扣群众农资补贴补助资金341.4元。2017年2月，张家塬乡党委给予李明虎党内严重警告处分并收缴违纪所得3769.1元，给予李永财党内严重警告处分并收缴违纪所得2034元，给予李占才党内警告处分，给予李志强党内警告处分并收缴违纪所得341.4元；2013年，同心县下马关镇赵家庙村支部书记兼村主任左志强，按照该村实有人口将352400元的扶贫专项资金进行平均发放，并截留143600万元的扶贫专项资金用于其他开支。2014—2015年，伙同村副主任熊泽智、村会计赵明川按照该村实有人口将750000元扶贫专项资金平均发放。2017年2月，同心县纪委给予左志强留党察看一年处分，收缴违纪资金9600元。给予熊泽智党内严重警告处分，给予赵明川党内严重警告处分；2013年，丁塘镇杨家河湾村支部书记张洪礼、村会计杨学保在落实“双到工程”扶贫项目补助资金时，截留挪用扶贫项目资金16000元，张洪礼、村主任杨作锋（非党员）侵占土地补偿款6028元。2016年11月，丁塘镇党委给予张洪礼党内严重警告处分，并收缴挪用、侵占所得2.2028万元。给予杨学保党内警告处分。2011—2015年，王团镇前红村原村支部书记李正清、村支部书记杨德强、村支部副书记杨彦龙、村主任杨占云四人以各自亲属名义虚报草原生态补助面积572亩，冒领国家草原生态补助款34640元。2016年11月，同心县纪委分别给予杨德强、杨占云、李正清、杨彦龙四人开除党籍处分、收缴共同违纪所得34640元，并将四人涉嫌犯罪问题移送司法机关依法处理。2013年，石狮管委会砚台村支部书记马成忠、村主任罗存海、村会计马耀保将146000元“双到工程”项目扶贫资金按照每户33~350元不等的标准发放给全村438户群众，2016年11月，同心县纪委分别给予马成忠、罗存海、马耀保党内警告处分；2016年春节前，下马关镇新园村支部副书记马尚忠、村主任买金云及党支部委员买正伏、苏建忠、李永才5人因工作不力致使困难群众春节慰问品发放严重滞后，在群众中造成恶劣影响。2016年10月，同心县纪委分别给予马尚忠、买金云、买正伏、苏建忠和李永才5人党内警告处分。2014年，王团镇羊路村村支部书记李永财将150万元的整村推进扶贫到户项目补贴资金按照该村实有人口进行平均发放。2016年10月，同心县纪委给予李永财党内警告处分。2013—2014年，田老庄乡套塘村支部书记兼村委会主任买吉学非法占有群众养老保险金900元，案件查办期间，买吉学主动补交群众养老保险金900元。2013—2014年，村支部书记兼村委会主任买吉学、村支部副书记杨彦仁，将103.9392万元的“双到工程”养羊项目补助资金按照全村实有人口进行平均发放。2016年10月，田老庄乡党委分别给予买吉学、杨彦仁党内警告处分。2014年，预旺镇郭阳洼村支部书记王成义、村会计马占强将80万元中药材补助资金按照全村实有人口进行平均发放。2015年，两人又将388.8万元整村推进项目和双到工程项目资金按照全村实有人口进行平均发放。任职期间王成义和村主任余建山（非党员）冒领滩羊种母羊补助资金1600元、挪用征地补偿款4890元，马占强保管征地补偿资金5868元。2016年7月，同心县纪委给予王成义撤销党内职务处分并收缴违纪资金6490元，给予马占强党内警告处分并收缴违纪资金5686元。2013年，预旺镇柳树堡子村支部书记、村主任杨占海，将16万元整村推进项目和双到工程项目资金进行平均发放。2014—2015年，又与村支部副书记白明柱、村会计马俊川3人，将374万元整村推进项目和双到工程项目补助资金进行平均发放。2016年6月，同心县纪委分别给予杨占海、白明柱、马俊川党内严重警告处分。

2017年3月31日，宁夏回族自治区石嘴山市纪委通报了五起涉农扶贫领域的腐败问题。平罗县红崖子乡红瑞村村委会副主任王富贵在2003年12月至2012年2月担任西吉县王民乡王民村党支部书记兼村委会主任期间，与其他村干部一起，以村民名义虚列面积套领退耕还林补助粮款共计10.08万元，大部分用于村务支出，个人使用3000元，平罗县纪委给予其党内严重警告处分；平罗县陶乐镇东园村村委会主任王汉珍在2010年4月至2014年8月期间，滥用职权，弄虚作假，擅自以村委会名义与他人签订10份虚假土地承包合同，致使他人利用虚假合同，冒领产业化项目补助资金2.24万元，办理415亩的农村集体荒地承包经营权证，平罗县纪委给予其党内严重警告处分。惠农区尾闸镇聚宝村原党支部书记、村委会主任张新明在 2013 年 10 月卸任后，未及时将代为保管的村民施生惠母子（智障）的“一本通”存折及银行卡进行移交，继续私自保管使用两年多，共支取占有补贴款项 4.38 万元，惠农区尾闸镇党委给予其留党察看一年处分。惠农区尾闸镇聚宝村党支部书记、村委会主任袁生才在 2014 年 11 月至 2015 年 8 月期间，擅自做主集体出资将村上 4000 平方米的空地用围墙圈起来，并建了一间库房，供自己使用。将群众的 4 座菌棚列入合作社申报范围进行验收，套取补贴资金、截留合作社社员部分补贴资金共计 2.49 万元，用于合作社场地硬化、围墙和库房建设，惠农区尾闸镇党委给予其党内警告处分。大武口区长胜村原村委会主任白生学在 2013 年 3 月期间，明知土地存在经营权纠纷，仍以村委会名义与实施绿化工程单位签订征地补偿协议，并出具“张自斌自己开垦耕地 31.5 亩”的证明，将已转入村委会账中的 50 万元征地补偿款转账支付给了张自斌，造成多付征地补偿款 16.48 万元，大武口区纪委给予其撤销党内职务处分。

除此之外，在已经发现的涉农贪腐案件中，中国人民保险公司 6 家分支机构以及中华联合财产保险公司汨罗支公司与当地政府相关部门联手，骗取农业保险财政补贴 7300 余万元，编造虚假理赔案件骗取保费 8000 余万元；中国人民财产保险公司广州越秀支公司伪造中央储备粮管理总公司印章、编造批退资料、删减保险责任条款等手段虚构退保，骗取理赔金 8000 余万元；重庆市农机领域一些农机主管部门勾结商家，编造虚假购机信息骗取财政补贴，利用各省农机补助政策的差异，伪造农机跨区作业协议，从补贴高的地区倒卖到补贴低的地区以赚取财政差额；等等。不胜枚举，且量大面广，贯穿新农村建设的整个过程。

第四章 其他国家支农资金管理政策及经验借鉴

第一节 欧洲相关国家农业资金管理政策

一、欧盟的共同农业资金管理政策

欧盟的共同农业政策一直依赖于两大支柱：一是在成员国中建立起农业可持续发展的有效机制；二是合理使用农业资金，以促进成员国农业发展。早在20世纪60年代，欧盟的前身欧洲共同体即设立了一个数额庞大的"欧洲农业指导与保证基金"，该基金在很长一段时期内成为欧盟总预算的主要开支，一直占总预算的60%～75%，20世纪70年代曾高达90%。农业指导保证基金包括指导与保证两部分：保证部分用于农产品市场管理，主要开支项目为农产品的出口补贴、农产品干预收购；指导部分用于农业结构改革，主要开支项目为结构调整措施、地区发展措施及环境保护措施等。后来，随着成员国的扩大，欧盟对共同农业政策作了动态的修改。最近的一次修改就是主要针对农业资金政策的。基本内容是在农业专项资金使用中建立起激励和处罚机制，同时将环境保护、食品卫生和安全、农村建设、牲畜及植物健康等涉及人类和环境安全的内容列入农业资金政策使用范畴，明确规定对违反农业政策的国家给予严厉处罚。新政策规定，欧盟25个成员国以2006年用于贯彻共同农业政策的资金为基础，从 2007 年开始逐年提高农业资金比例，调整幅度不低于 1 个百分点，一直到 2013 年为止。所有成员国都应严格执行新的共同农业政策，否则将进行必要的经济处罚，处罚标准为 5% 到 15%，最多可达 20%。为了保证上述规定得到顺利实施，欧盟还确立了具体的执行办法。首先，确定奖励机制是建立在农产品生产质量的基础上，凡是有利于保证农产品质量的项目都将列入优先奖励的范围，资金奖励将直接给予农户。其次，考虑到一些新加入的成员国对欧盟共同农业市场的标准还不太了解，因此对新成员国给予特别帮助，以便使他们能够全面了解欧盟共同农业政策规定的粮食油料作物、畜牧饲养的生产程序，以及农村建设等方面的具体标准。第三，建立农业咨询制度，规定各成员国都要建立农业咨询体系，为农户提供咨询服务，加强农业发展资源的共享。所有成员国均建立畜牧饲养档案，以保证饲养牲畜的健康，并能够对出现的牲畜疾病进行及时有效的预防和治理。划出专项农业资金，重点加强对年轻农业从业人员的资助。各成员国有责任核查其在共同农业政策项下的基金支出，而欧盟委员会则必须确保成员国的基金均得到正确的使用。2008 年 7 月，由于成员国存在不当管理程序和不符合欧盟农业支出标准等问题，欧盟委员会收回了 4.1 亿欧元基金，其中从意大利收回 1.45 亿欧元，从希腊收回 1.28 亿欧元，从英国收回 0.69 亿欧元。

欧盟各国具有社会经济特征的农业协会和合作社主要有合作社（Co - operatives）、农业加工社团（ Agricultural Processing Societies）、农业生产者组织（Agricultural Producer Groupings）、农业病虫害防治组织（Groupings for the Treatment of Agricultural Pests）和其他农业组织，这些组织构成了欧盟各国农业和食品加工业的基石，在农村地区的社会经济发展和土地合理利用方面起着非常重要的作用。英国劳动和社会事务部（The Ministry of and Social Affairs）的统计数据表明，英国有农业和渔业合作社 4662 个。农村合作社组织是英国粮食流通的主体，合作社将分散的粮食生产者联合起来，为他们提供产前、产中和产后服务，供给农业生产资料，提供种植技术和市场信息服务，实行粮食统一销售，形成了规模优势，降低了粮食流通的成本。根据西班牙农业合作社联盟（the Spanish Confederation of Agricultural Co - operatives - SCAC）的统计，西班牙有近4000个农业合作社，总产出占全国农业最终产品的42%，遍布于农业生产、加工及销售的各个领域。全国烟草的销售活动全部由合作社承担，65%的化肥和种子、45%的柑橘、80%的稻谷以及70%的橄榄油都是由合作社出售的。在欧盟，粮食收购实行现金结算。农业合作社在这方面具有优势：一是农场主入社都交有一定的股金，用于合作社的资金周转；二是经过长期积累，合作社拥有了一定的自有资金；三是合作社拥有良好的信誉和可靠的担保，可以从银行贷到所需要的资金。农业合作社和粮食企业收购粮食的资金属于商业银行的商业贷款，执行商业信贷利率，政府不给予补贴和贷款，风险由贷款者承担。

欧盟的农业补贴和保护政策主要有四个方面的内容：一是农业基础设施建设补贴。主要是对农业基础设施建设提供资金，以改善农业生产条件，提高生产力，使农场主在保障食物供应的同时维持与其他行业劳动力相当的收入水平，如对田界围栏、农场建筑、农业机械、农田排水设施及农村道路建设的补贴等。二是农产品津贴。这类补贴按农场主所在地区的农业环境条件，根据农场主提供的农产品数量（作物按面积，牲畜按标准单位）直接付给其个人，如作物面积津贴。在英国的苏格兰、威尔士和北爱尔兰等地区的农业环境欠佳地区（less Favourable Areas - LFA），每1公顷作物可以取得英国政府和欧盟共同农业政策的津贴220.5英镑。在英格兰和其他地区的农业环境适宜区（Non - Less Favourable Areas - Non - LFA），每1公顷作物可获225.8英镑的津贴。每1公顷油料在LFA地区和Non - LFA地区的津贴没有区别，一律为436.72英镑。牛肉生产特殊津贴方面，农场主每育肥1头公牛就可获93.11磅的津贴等。三是农产品价格补贴。当欧盟范围内农业市场某种或多种农产品价格下跌到低于干预价格时，欧盟就不惜贴钱按干预价大批量收购欧盟成员国家的农产品，直到市场价格重新回升到干预价以上，以保护其成员国农场主的利益。四是对从欧盟以外国家和地区进口的农产品强制性地施加关税。凡从欧盟以外国家和地区进口的农产品，一律增加关税后才能在欧盟国家的市场上出售，人为地使进口农产品价格抬高，以使欧盟国家生产的农产品具有竞争能力。另外还有隐性农业保护政策，如减免农业税和免费向农民提供技术和信息服务等。

二、法国农业发展的资金管理政策

法国国土面积 55 万平方公里，其中农业用地 33 万平方公里，总人口 6000 万，农业劳动人口占所有就业人口的 3.5%，其经济总量仅次于美国、日本和德国，位居世界前列。法国是欧盟最大的农业生产国，也是世界主要农副产品出口国。法国粮食产量占全欧洲的 1/2，农产品出口仅次于美国居世界第二位。法国拥有欧洲最富饶的土地，气候良好，再加上几条大河有利于农作物的灌溉，先天的地理优势决定了他在欧洲农业大国的优势。法国共有耕地面积 5491.9 万公顷，其中 61% 为农业用地、27% 为林业用地、12% 为非农业用地。农业用地的 96% 为家庭所有。农业的传统地区结构为：中北部地区是谷物、油料、蔬菜、甜菜的主产区，西部和山区为饲料作物主产区，地中海沿岸和西南部地区为多年生作物（葡萄、水果）的主产区。农业食品加工业是法国外贸出口获取顺差的支柱产业之一。欧洲前 100 家农业食品工业集团有 24 家在法国，世界前 100 家农业食品工业集团有 7 家在法国。法国葡萄酒享誉全球，酒类出口占世界出口的一半。农业为法国国民生产总值的贡献是汽车工业的 1.5 倍，食品工业则几乎是汽车工业的 2 倍。

在法国农业的发展过程中，法国农业信贷银行、互助信贷联合银行、大众银行和法国土地信贷银行等农业信贷机构及法国的农业保险等都做出了自己的贡献，其中贡献最大的是法国农业信贷银行系统。法国农业信贷银行是互助合作性质的半官方的农业信贷机构，是法国最大的银行，也是欧洲和世界的大银行之一，目前资本额近 1000 亿美元。以其富于活力的经营方式和在农业政策性业务方面的成功运作而扬名全球。18 世纪，随着法国城市化的发展，对粮食的需求增加。1888 年，法国因葡萄根瘤蚜虫灾难引起了地区动乱，农民迫切希望通过先进的生产技术来重建家园和发展农业，资金就成了解决这个难题的关键。但当时法国银行很少给农业提供贷款，农业资金短缺迫切需要法国建立一个特殊的资金流通体系，法国农业信贷银行的雏形就以联合互助的形式创建了。1920 年 8 月，在法国地方信贷合作公司和地区金库的基础上合并且改名为“国家农业信贷管理局”，1926 年又改名为“国家农业信贷金库”，1947 年改称现名。总行设在首都巴黎。法国农业信贷银行的结构呈金字塔形，它由三个层次构成：最高层是国家农业信贷金库，它是会计独立的官方金融机构，也是全国农业信贷互助银行的最高管理机关。是联系国家和农业互助信贷组织的桥梁，受法国农业部和财政经济部的双重领导。其主要职能是参与制订国家农业信贷方面的政策，控制和协调各区域金库的业务。具体管理各区域金库多余的资金，通过下属机构发行短期库券和长期债券，为区域金库发放中、长期贷款提供资金便利，自己发放长期贷款和办理国家信贷业务等；中间层是省农业信贷互助银行，负责协调省辖基层农业信贷互助银行的业务，分配管理资金，并可办理转账、投资等业务；基层是地方农业信贷互助银行，主要负责吸收和管理活期存款及储蓄资金，由个人及集体成员入股组成。按合作制原则经营。法国农业信贷银行先后在一些国家和地区设立分支机构，遍及全球 60 个国家，主要在中东和东南亚地区，拥有 7679 家分行，服务客户 1600 万，1985 年 10 月 4 日在北京设立了代表处。

法国农业信贷银行是全能银行，混业经营、业务多元化。最初的资金来源是法兰西银行的贷款，以后则主要依靠其在农村由分支机构网络吸收的存款和发行债券，另外。还有一部分来自于政府借款以及其他方式募集的资金。资金运用的特点是“上官下民，官办为主”，既承担普通的农业贷款业务，又与国家政策紧密结合，优先支持符合国家政策和国家发展规划的项目，重点支持农业生产的多样性和农业生产结构的调整。为降低农业贷款的风险，法国农业信贷银行将政府贴息贷款直接向相关厂商投放，这样一来，原先由农民还的钱改由厂商来还，对银行而言，增加了贷款回笼的安全性，对农民而言，既享受了政府贴息贷款，也得到了厂商的优惠。法国农业信贷银行拥有科学系统的信贷制度体系，严格实行部门审贷分离制度，所有贷款都要经过风险分析部门评估，并按贷款审批权限和操作流程进行贷款操作。

其管理运作模式为：市场部将客户的信贷需求编成一份信贷建议书，由信贷部进行风险分析评估后，提出同意或否定意见，呈交信贷管理委员会讨论和审批。信贷管理委员会由行长、市场部、风险部组成。贷款业务主要是对个体农民提供长、短期生产贷款，对地方公共事业贷款、对农业合作社贷款和家庭建房贷款。此外，还办理一些特别贷款，如为鼓励青年农民和海外移民创办一定规模的农场、为发展畜牧业、为实现农业生产现代化的贷款和农业救灾贷款等。同时，该银行还向农业经营、乡村公路建设、农业组织等与农业有关的项目投资，以改善农村环境，提高农业技术水平。

除提供基本的商业银行业务外，法国农业信贷银行还通过其子公司提供广泛的金融服务和保险产品。法国金融市场发达，农业政策性机构可以较容易的在金融市场上发行债券，筹集到低成本的资金来从事农业政策性服务。从法国的农业保险市场来看，国家制定了《农业保险法》，立法保护农业保险。农业保险实行低费率高补贴政策。所有农业保险部门都在资本、存款、收入和财产免征一切赋税，并通过法律的形式给予保障，对一些关系到国计民生的大宗产品实行强制性保险。法国农业信贷银行在保险业务运营上以互助合作保险为主，成员之间按照比例支付损失份额。政府以发放补贴、提供优惠利率贷款和担保等方式提供再保险、提供特大灾害补偿等方式予以扶持。对其他金融机构发放符合政策意图的农业贷款给予偿还保证，鼓励其他金融机构对农业领域融资。

法国农业信贷银行的微观主体——农业合作社分布广，作用大。1/3 的农户已经入社，比如农业器材利用合作社，它是由农民组织的社团，由农民按股认购，并筹集社会闲散资金，年营业总额达 38 亿欧元。各种类型且数目庞大的农业合作社加速了农业资本与工商业资本的结合，形成了产、供、销一体化的综合企业。法国农民一般都有文化，懂科学，善经营，这对发展本国农业起了决定性作用。在法国农业信贷银行的参与下，法国建立了世界上最强大的农业技术网站。法国农民只要向计算机输入种植面积、种植品种、肥料等数据，便可轻松获得在未来若干周内的天气变化、如何施肥、如何耕作等科学种田的方法。而便捷高效的服务使农民成为网站的主要客户并为此支付大量的费用，这些费用成为银行稳定的收入来源。

三、意大利农业发展的资金管理政策

意大利地处欧洲南部，阳光雨水充足，发展农业得天独厚，是欧盟第二大农业国，也是其农产品供应的主要来源之一。意大利人口约6760万，政府主管农业的部门为农业政策部；地区性农业规划属于地方政府领导。北部地区主要生产粮食、甜菜、大豆、肉类和奶制品，南部地区专门生产硬质小麦、水果、蔬菜、橄榄油和酒。意大利的农场接近300万个，但农场大多为中小型。拥有100公顷以上土地的大农场只占农场总数的1%，占有耕地约40%，拥有50~100公顷土地的中等规模农场数量占23%，拥有耕地约45%。近年来，随着机械化程度的提高及第三产业的发展，意大利农业人口在不断减少，小农场逐渐被大中型农场购并，表现出农场数目减少、规模扩大的倾向。农业生产合作社是意大利主要的农业组织。合作社基本上分三个层次，各担负不同的职责。一级合作社由生产者自愿提出申请，经合作社董事会批准，即可成为社员。合作社以商品为纽带，生产某类商品的农民只能参加一个合作社。合作社集资或贷款兴建农产品种植、清洗、挑选、分级、包装、贮存设施。合作社把社员送来的产品抽样检验后，进行统一分级、包装和销售。产品销售后，按抽样验收的数量和等级，扣留15%~25%的清洗、包装、贮存等费用，其余货款全部返还给生产者。二级合作社即康采恩，由几十个至上百个一级合作社组成，一般是地区性的组织。主要负责销售一级合作社的商品，同时为其提供市场信息、生产建议、技术指导等服务。二级合作社按销售额2%~3%的扣留货款作管理费用，其余全部返还一级合作社。三级合作社即康采恩联合体，是全国性的合作社组织。主要代表各地康采恩与政府对话，确定商品价格和销售政策，协调各康采恩之间的关系。三级社一般不直接从事农产品经营，其经济来源是各地康采恩上交的管理费。农产品加工业是意大利除冶金机械工业、纺织服装业之外的第三大行业，销售额占该国GDP的6%左右。7万余家农产品加工企业主要由中小企业构成。中小企业产品独特，质量上乘，通常还有原产地的冠名，可避开大公司的竞争，占据国内和国际高档商品市场，取得丰厚利润。

意大利的面粉加工业比较成熟，既有大型的现代化加工厂，也有小型的作坊式企业。据意大利面粉加工商和通心粉生产商协会估计，该国约有700家面粉加工公司在运营之中。其中约有191家公司加工硬质小麦，其年加工总能力相当于710万吨小麦。意大利面粉加工商非常重视加工小麦和所产面粉的质量，要求小麦具有特定的品质并来自可靠的供应渠道。同时，意大利还是欧盟最大的大米生产国，每年生产的大米中约有70%用于出口。大米业由约6000个种植大米的农场主和60个大米加工商组成，其代表机构为意大利大米业协会。据意大利国家统计局公布的数据，在经济危机使各行各业就业人口普遍减少的情况下，2012年意大利农业就业人口比前一年增加了3.6%。虽然农业就业人口占总就业人口的比例为3.9%，但农业产值已占国内生产总值的15%～16%。与此同时，拥有农业大学毕业证书的农场主近10年间增加了9%，有其他学科大学本科毕业证的增加了24.6%。从事农业的人员中，25%的人不到40岁，大学农业系的注册学生人数近两年增加了30%，农业就业人口的素质明显提高。

作为欧盟成员国之一，意大利的农业政策与欧盟的共同农业政策保持一致。为理顺管理关系，意大利政府对农业、食品、林业资源部进行了重组，将上述部门原先在农业、林业、渔业、农业旅游业、打猎、乡村发展和食品领域的所有职能都移交给了地方政府。农业政策部除协调农业政策外，还负责与欧盟的联系。作为欧盟的成员国，意大利对农业农民的财政补贴主要来自欧盟预算，另一部分是本国政府安排的农业支出。补贴主要用于良种、橄榄油、牛肉、葡萄酿酒、农村社会发展等方面，农业支出包括中央政府农业支出和地方政府农业支出。意大利共有24个大区。该国宪法规定，农业发展的事权主要在大区，每个大区可根据各自情况确定农业支出数量。中央政府每年对农业支出的多少则由议会确定。一般情况下约为地方政府的1/3。除执行欧盟的各项农业政策外，意大利也根据本国情况采取一些灵活的措施。如通过税收让农场主少交农用汽柴油税等，减轻农场主税收负担。在社会保障、退休金等方面给农场主以较大优惠。政府对泥石流、冰雹等大型自然灾害给予救助，同时为农场主支付 30% ~40% 的保险金。农场主购买拖拉机等农具时，给予 10% 的费用补贴等。

在意大利，农民可以获得的财政支持有：(1) 农民收入补贴。按土地面积补贴，平均每个种地农户每年可得到 2 万 ~3 万欧元，占家庭收入的 40% 左右。(2) 农村发展补贴。如促进旅游农业发展补贴，促进农村环境保护补贴，促进农村基础设施建设补贴，以及鼓励青年人经营农业的补贴等。一个项目总投入中，农民投入 50%，欧盟和意大利政府就配套投入 50%，而且对项目投入总额不封顶，农民投资越多，得到欧盟的补贴就越多。目前，补贴农民资金的具体分摊比例是欧盟承担 75%，意大利中央政府承担 15%，大区政府承担 10%，省和市镇政府不承担配套投入。(3) 农业技术服务和新品种补贴。政府兴办的农业服务组织，不仅免费提供技术、信息和培训等服务，还向农民免费提供良种和果苗等。为鼓励农民上网，政府对农民购买计算机给予补贴。对农业生产的投入给予优惠政策。以用电为例，农用电价格为每度 0.1 欧元，外加增值税 10%。工业用电则为每度 0.2 欧元，外加增值税 20%，两者相差一倍。(4) 税收优惠。意大利的个人所得税是累进税制，年收入 1.5 万欧元以下的人不缴所得税。税法对农民作出了专门规定，即农民从事农业生产，不论得到多少收入，都可以自愿缴纳个人所得税，即可缴可不缴，由农民自己决定，税务机关不追究。这样规定的原因是政府考虑农业生产艰苦，农民收入来之不易，加上农业风险大，收入极不稳定，今年收入高一些交了税，说不定明年就因受灾或降价而亏损，需要政府救济。与其让农民今年缴税，明年政府又救济，不如让农民自己以丰补歉。增值税的征收办法规定，工商企业从农民手中购买农产品时，20% 的价外增值税交给销售该农产品的农民代缴。但税法又规定，农民从采购商手中得到的 20% 增值税，最多只向税务机关上缴其中的 5%，余下 15% 以上的税款农民可以自己留用。另外，城镇居民的房屋要交财产税，农民的房屋免交财产税。

在金融方面，意大利既没有专门的农业银行，也没有农民信用合作社。意大利农民如果需要资金，只能向商业银行申请贷款。帕西利卡大区有一个农民贷款服务组织（COFIDI），是农民自愿组织起来的，为会员提供贷款服务的组织。这个组织与其他国家的农民信用合作社不一样，它既不吸收存款，也不发放贷款，只是为农民贷款提供便利和担保服务。农民若要成为这个组织的会员，须交纳250欧元会员费。会员通过这个组织向银行申请贷款，可得到三个好处：一是银行批准贷款的时间短、速度快。二是可以得到2%的利率优惠。三是当农民归还贷款有困难时，该组织可代替偿还贷款的50%～80%。这个贷款服务组织依靠自身的信誉和力量，会员越多，聚集的会费越多，担保的能力就越大，银行通过这个组织来贷款，既减少了贷款调查的成本费用，又可以降低贷款风险。当然，农民也可以自己直接向商业银行提出贷款申请。小额贷款不需要抵押，直接签字就可。较大的贷款，如5万～10万欧元，需要提供一些抵押品，农民的住房、土地、物品等都可以作为抵押品。在意大利，农民以中长期贷款为主，贷款期限从5～30年不等。农民的各种活动，如建房、做买卖、购农机、搞基础设施等都可以申请贷款。一般情况下，农民的合理贷款要求均可得到满足。但如果以前有不良贷款记录，或者已有贷款项目成本上升，超过了原定贷款金额，银行就不会批准新增贷款。

意大利支农资金的突出特点之一是完善的农业保险制度。早在20世纪初，就出现过农业互助组织内农户进行互保的实践。二战之后随着经济的恢复和重建，这一做法得到了进一步推广，但在全国范围内仍缺乏统一的政策和组织，各地做法自成体系、千差万别，商业保险公司的参与不多。1970年5月25日，意大利颁布了第364号法律《全国互助基金法》，为全国农业灾害救济和保险提供了总体框架。后经多年的发展和演变，2004年3月29日，第102号法令对该基金进行了重新整合，目前仍然是意大利政策性农业保险的基础所在。在全国互助基金的框架下，意大利各地纷纷成立了由国家认可、大区政府监管的非营利性农业互保合作社，具体负责各地政策性农业保险的组织和落实工作。另外，还成立了一些专业性的互保合作社。由合作社负责政策性农业保险的组织和落实工作，目的之一是提高农户的集体谈判能力，以便获得更合理的保费和服务，也便于政策性补贴的发放。尽管现行法律规定订立农业保险合同不再必须通过合作社，但绝大部分农业保险活动仍是通过合作社进行的。根据《全国互助基金法》，对全国政策性农业保险的运作原则、目的、资金来源、运作方式和程序以及各级政府、农民互保合作社和商业保险公司各自的职能和分工都做出了明确规定。多年来的实践证明，意大利政策性农业保险所采取的“政府规划指导、政策性补贴，合作社具体组织、商业化运作”的做法行之有效，在推动和扩大该国农业保险的覆盖面，分担农业风险，保障农民收入方面发挥了积极作用。具体运作方式和程序是：

（1）公布年度保险计划。在中央国库农业部名下开设“全国互助基金”账户，下设“保险补贴”专项资金，另设有“灾害救济”专项资金，用于保险计划之外的灾害救助。农业部于每年 11 月 30 日之前根据农业风险数据库有关农业保险的统计数据，在广泛听取各方意见和建议后制定并颁布第二年的年度保险计划。保险计划的内容包括：保险品种安排、确定保险覆盖的地域、气候灾害类型、参保作物和设施品种、最高补贴水平（保费的百分比）以及有关组织落实事项。其中补贴水平为指导性数字，最后的补贴规模要视政府财政资源状况来确定。

（2）组织落实。年度保险计划公布后，各省农业互保合作社即与从事相关业务的保险公司就当地的农业保险品种、价格、定损、理赔等问题进行谈判，达成总体协议，并向会员农户公告，农户可根据自身情况决定选择哪家保险公司及投保品种和数量。包括气候方面的单险（冰雹）、多种险（冰雹、风、冻、霜、旱、洪涝等）、复合险（针对温室、大棚、防雹网等设施的冰雹、雪、风、旋风、飓风、雷电风险）等，几乎涵盖了所有的作物、果树、苗木品种和温室、大棚、防雹网等设施；牲畜方面主要有重大疫病保险，奶畜、肉畜均可投保，理赔往往也包括发生疫病后对牲畜的屠宰和处理费用。农户签署投保书后在规定的期限内，通过银行向合作社缴纳其应付保费扣除政策性补贴的部分 。合作社按照年度保险计划的补贴比例计算农户应缴金额，待全国农业保险补贴水平确定后再多退少补。有机农产品的保费一般比普通农产品高 20% 上下，前一年或两年没有出险的农户可以得到保险公司的保费折扣。合作社一般向投保会员收取相当于保险金额的 0.15% ~0.4% 的服务费，对非会员通过合作社投保的另加收少量管理费。除由合作社代表农户与保险公司签订合同并代收保费外，其他履约行为通常由农户与保险公司自行处理。

（3）理赔。当因灾害、疫病等造成农作物、设施或牲畜发生损失后，投保农户应在采取措施降低或避免进一步损失的同时，及时向保险公司报告，由保险公司根据合同对损失情况进行评估，若损失超过起赔率则予以厘定赔偿。《全国互助基金法》规定对于起赔率 30% （困难地区 20% ，按过去 3 年平均产值计算）的保单，政府保费补贴最高为 80% ；对于起赔率为零的保单政府保费补贴最高为 50% 。保险公司对政策性农业保险的免赔率一般为大田作物 10% 、瓜菜 15% 、果苗 20% ，因此若发生全损，赔偿额则分别为保险价值的 90% 、85% 和 80% 。农户也可以选择投保起赔率和免赔率比政策性保险更低的保单，但多出部分不享受政府补贴。理赔工作一般要求在每年 12 月底之前完成。

（4）落实补贴。意大利对政策性农业保险的补贴资金列入年度政府财政预算，因此政府的财政状况直接关系到对农户保费的补贴多少。据了解，近年来的保费补贴水平通常在 50% ~60% 。

为准确把握农业风险，2003 年 7 月 18 日，意大利农业管理部门建立了农业风险数据库，主要搜集有关政策性农业保险的数据、厘定保险价值所需的农畜产品价格、农牧业生产数据、农业气象数据、政府干预农业风险管理的有关法规、有关政府对农业保险补贴的数据以及再保险数据等。该数据库由意大利农业食品市场服务研究所负责管理和维护，部分内容在互联网上对公众开放。

四、德国农业发展的资金管理政策

德国位于中欧地区，濒临波罗的海和北海，北部为平原，中部以高地为主，南部是阿尔卑斯山，具有温暖的海洋性气候。德国是欧盟国家中仅次于法国和意大利的第三大农产品生产国，农产品主要有小麦、大麦、黑麦和土豆。近年来，小麦年产量在2000万~2200万吨，黑麦产量在400万~500万吨，大麦产量在1200万~1350万吨。尽管农业产值仅占国内生产总值的1.2%，农业劳动力仅占全国总量的2.8%，然而德国80%的国土面积都用于农业和林业。作为欧盟成员国，德国遵守共同农业政策的原则和计划，将其从欧盟共同农业政策获取的资金更多地用于农村发展，逐步减少了用于市场直接补贴的资金，增加了农业环境保护费用，只有那些符合动物福利要求的畜牧农场才能获得政府补贴。德国小麦产量占粮食作物总产量的50%，小麦质量通常好于欧盟的平均水平。面粉加工业历史悠久、技术先进，国产面粉的90%用于面包业，其他用于工业，每年还出口50万~85万吨面包小麦面粉。在过去十年中，德国农业生产力获得了翻天覆地的变化。农业不仅生产效率高，而且具有环境亲和力。德国农业人口在不断减少情况下，机械化程度不断提升。1950年，一个农业工人产出的农产品只能养活10个人，到今天可以养活大约140人。同时，通过农业企业与职业学校共同合作，给德国农业提供了大批高素质人才，推动了农业的发展。

在欧盟的共同农业政策框架指导下，德国把农业和农村发展定位在更为广义和重要的位置上。除了为本国提供食物以外，还具有保护自然资源，特别是物种的多样性、地下水、气候和土壤；美化乡村景观，为人们提供舒适的生活、休息场所；为工商业提供原材料，为能源部门提供能源等功能。基于以上定位，德国的支农资金政策与管理主要集中在以上几个方面：（1）鼓励农地合并经营。早在1955年，德国政府就制定了《农业法》，允许土地自由买卖和出租，使原本规模很小、没有生命力的小农场转变为规模更大的富有生命力的农场。20世纪50年代中期，政府又开始实施《土地整治法》，调整零星小块土地，使之连片成方。其结果是农场规模不断扩大，农业劳动生产率大大提高。在制定、实施法律法规的同时，德国还利用信贷、补贴等经济手段来调整土地结构。1965年政府规定，凡出售土地的农民可获得奖金或贷款，以帮助转向非农产业。凡土地出租超过12年的，每公顷租地可获奖金500马克。（2）大力发展生态农业。在权衡经济和环境两方面利益的基础上，联邦政府制订了以下方针：避免由于外源物质污染或经营措施不当而造成对农田内外群落的不良后果，注意对天然生物品种资源特别是生态方面有价值的群落的保护，保护风景名胜和自然景观。采取建立国家森林公园、农业自然保护区及杂草保护区等措施，来保护农业生物多样性。为了推动生态农业的发展，德国成立了生态农业促进联合会。生态农业企业在自己的土地上不能使用化肥、化学农药和除草剂等。与此同时，联邦政府重视发展“工业作物”种植业，即种植那些可以用来生产矿物能源和化工原料替代品的经济作物。油菜子是德国目前最重要的能源作物，它不仅可以用作化工原料，还可以提炼植物柴油，代替矿物柴油用作动力燃料。近年来，联邦政府每年拨款 40 多亿欧元用于“工业作物”的研究和开发，并成立了生物原料和生物能源研究中心，专门负责相关方面的科研以及新技术、新工艺的推广。德国近 1/3 面积覆盖着森林，许多中小城市几乎处于森林的包围之中，依靠森林的蓄水、防风、净化空气、防止水土流失等功能，建立了基础坚固的生态农业系统。（3）重视农业合作经济组织。德国是世界合作社发源地，早在 1867 年就制定了第一部《合作社法》，后来又多次修改完善。从德国农业合作社发展的实际经验来看，民主、规范科学、高效的管理是维护社员权益、确保合作经济成果的关键。德国农业合作经济组织对政府的政策制定具有强大和持久的影响力，农民参加合作社既可在生产交易活动中减少中间损失，在资金融通方面免除债息过高的风险，也可在农产品加工方面共同享受增值的好处，在共同使用大型农业机械和设施方面互通有无。通过农业产业内部分工，在良种供应、病虫害防治、卫生防疫、机械维修技术培训、信息咨询等方面获得完善的社会化服务。（4）提倡“以人为本”的村镇发展战略。为了规划自然保护区，改善农民生活和生态环境，在村镇发展方面，德国联邦政府负责制定区域规划，各州制定国土区域规划，从而使联邦的国土建设管理形成完整的体系。在建设方面严格实行建筑招标。州一级的招标不但要执行《建筑法》，还要遵守欧盟的建筑指南，招标前要举行听证会，充分听取当地居民意见。编制招标书，绘制土地规划图、空间规划图、技术规划图，认真编制资金使用计划。招标书要在当地报纸公布。

德国的财政支农资金主要用于三个方面：一是欧盟提供对农场主的直接补贴和市场政策补贴；二是联邦政府提供涉及农业、农村、农民的各项社会事业补贴，如：农业保险、农民社会保障体系建设、大型的基础设施建设、环境保护等；三是州及州以下的地方政府提供农业科技推广、农民培训、结构调整、救灾、环保、救灾以及支持农场合并、平衡自然条件不同农场的经济利益等支出。为鼓励农民在生产活动中向着有利于环境保护的方向发展，在农民自愿遵守有关环境保护规定的情况下（参加期限至少5年），政府给予补贴。补贴分三种：生态农业、粗放型使用草场、对多年生作物放弃使用除草剂。对种植业和休耕补贴主要依据土地面积测算，畜牧业补贴按照单位面积承载量测算，德国可享受补贴的牲畜只有牛和母羊，主要包括：粗放化经营补贴、公牛补贴、母牛补贴、牛的屠宰补贴、补充款项补贴和母羊补贴。在农业基础设施投入方面，德国政府主要通过补贴和贷款的方式对农民实施的水利、道路、土地整治等建设工程给予资助，并且区分不同类型给予不同的补贴金额。德国对农业的间接补贴资金中，很大部分用于支持农业科研和农业技术推广方面。全面推行了农村社会保障制度，所有农场主、被雇佣的农工、农机生产及农技服务企业的职工都必须参加包括养老、工伤、医疗、意外死亡等内容的保险体系，保费缴纳由政府补贴和农民个人缴费共同组成。德国政府规定，从事农业的中老年人及其在农场劳动的家庭成员，因农场购并等原因失业者，可以得到赔偿金。随后又为农民的妻子设立了独立的社会保障体系，使农民老年保险金有了可靠的保障。

在税收方面，德国涉及农业的税收包括个人所得税、增值税、土地税、机动车辆税。德国详细规定了从事种植、养殖和林业等的个人为农业个人所得税的纳税人，与一般纳税人区别开来。而且农业生产中的原料有30%以上是收购而来的，就不属于农业生产，不适用农业个人所得税。德国农业个人所得税的起征点比一般个人所得税高很多，例如：一对农业夫妻和三个孩子年收入要超过40000欧元才缴纳个人所得税。而绝大部分纳税人的年收入都不能达到起征点，免于税负。具体征收时分两种情况：一是年营业额达到35万欧元，或纯利润3万欧元以上，或实际耕地产值25500欧元以上，须以企业形式申报纳税。二是达不到上述标准的小型农场，以耕地面积和土地条件等核定征收率，定额征收农业个人所得税；增值税对农产品不进行抵扣，直接确定征收率；土地税根据农场大小及土质的好坏缴纳，同时规定某些有利于环保的农场可以免税；机动车辆税根据机动车辆的马力和大小缴纳，但收割机和推车免税，用于耕种的拖拉机免税，但用于运输的拖拉机需要纳税。

在金融方面，德国成立了专门的政策性银行——德国农业养老金银行，为农业提供资金融通。该银行实行企业化经营，通过发行债券等形式从国际资本市场上筹集资金。农业企业、农机生产企业以及农产品流通和服务企业均可向该行申请贷款，每个企业年贷款额不超过 100 万欧元，只需支付不超过 1% 的手续费。贷款用途是购买农用机械、土地，或采购太阳能设备、加大可再生资源使用等。企业销售额下降 30% 以上，临时出现清偿危机时，也可申请贷款，贷款额不高于下降的销售额。德国农业养老金银行对扩大生产规模、引进环保措施等投资，提供补贴及贴息贷款。投资金额在 1 万 ~ 10 万欧元的小型农业项目，可申请偿还期 10 年、利率不超过 5% 的优惠贷款，最高补贴比例为 35% 、不超过 1.75 万欧元。50 万 ~ 125 万欧元的大型项目，可申请利率不超过 5% 、偿还期 20 年的优惠贷款，政府进行贴息。企业还可申请直接补贴，最高补贴比例 10% 、不超过 3 万欧元。

五、西班牙农业发展的资金管理政策

西班牙位于欧洲西南部的伊比利亚半岛，东临地中海，面积 50.48 万平方公里，人口 4000 多万人，其中从事农业生产的有 100 万人左右。西班牙农村占国土面积的 90% ，具有热带气候、地中海和大陆气候，以及多样性的土地条件，因而有丰富的农作物和农产品产出。主要产品是水果和蔬菜，其次是粮食、橄榄油和葡萄。西班牙是欧盟和世界主要的橄榄油生产国，世界第三大葡萄酒生产国。葡萄园占全国耕地面积的 7% ，年平均年产葡萄酒和葡萄汁 40 亿升。畜牧业是西班牙传统的农业生产领域，自加入欧盟后这一产业得到大力发展。主要畜牧产品为猪肉，是继德国后欧盟第二大猪肉生产国。为实现渔业资源的可持续发展并符合欧盟要求，西班牙政府努力使渔业船队根据是否适合下网选择捕鱼地点。渔船的50%在加利西亚和安达卢西亚地区作业，其余50%在其他海域作业。西班牙是世界人均消费海产品最大的国家之一，目前人均年消费36.5千克，是欧盟的2倍。本国产能无法满足国内需求，每年都进口大量的海产品。农产品加工业是西班牙经济的重要部门之一，从业人口45万，产值超过780亿欧元，占工业总产值的17%。农产品出口对维持西班牙贸易平衡起到了举足轻重的作用，2009年，初级压榨橄榄油、桔子、甜橙和西红柿进入出口量最大的前20类产品排行榜。2010年和2012年，果蔬产品在十大主要出口产品中位列第六位，出口额约120亿欧元。由于联合国教科文组织将地中海饮食纳入人类非物质文化遗产，而西班牙的许多农产品，如水果、蔬菜、鱼、橄榄油、葡萄酒、脱水水果或蔬菜等均是地中海饮食的一部分，提高了西班牙农产品体系的声誉。

在欧盟共同农业政策和渔业共同政策框架内，西班牙确定其农业、畜牧业和渔业首要和确切目标是：在安全和保证质量的前提下，面对可持续性市场，巩固和提高农业产量，并将完成社会分配中的非直接盈利性功能。西班牙农业、食品和环境部根据欧盟规定，与辖内各自治区共同制定了“2007—2013年农村发展国家战略及框架计划”。上述计划通过“欧洲农业农村发展基金”、农业部及各自治区进行融资，核心内容包括：增加农业及林业的行业竞争力、改善环境及农村境况、提高农村地区生活质量以及农业经济的多样性等。根据西班牙《农村可持续发展法》，对于西班牙农村通过自有资源发展以及使用“欧洲农业农村基金”资助发展的相关政策作出了规定，除保留政府部门在管理和使用基金方面的职能外，还规定农村本身也应积极参与决策，并在公共基金和私人基金的使用上发挥积极高效的作用。该法律主要通过“农村可持续发展计划”来具体落实，目标是通过在最穷困和受到其他条件限制的地区执行多行业措施，提升这些地区的发展能力。首批确定了219个农村地区，其中105个复苏区、84个中间地带以及30个城市间区。除各级地方政府以及中央政府各部门外，很多社会、经济以及环境机构和组织也参与其中。由于参与者成分复杂、根据不同地区制定不同政策花费时间较多，西班牙逐步修正了以前的计划，以获得更高的效率并得到更好的执行。

在水利建设方面，西班牙水利政策的原则是保护和恢复水体，并依法利用水资源。政策目标是修复水环境、提高水资源利用效率、应对旱涝灾害。为此，西班牙农业管理部门的优先投资领域是：水量供应和调节，废水处理。水利框架指令的基本内容是改善地表水和地下水的分布和质量，根据"2007—2015 水体卫生和净化措施"。建设了全国水流量测定网、全国地下水量监测网、创新水源网、水利信息自动化系统。水体质量监测体系有：国家地表水监控网、地下水化学成分监测网。国家干旱监测中心负责可能出现的旱灾的发现、预警、减灾和后果评估。国家水利理事会是全国最高水利咨询和行动机构，由中央和地方政府部门、流域机构及相关领域代表组成。通过了"国家灌溉计划"，由中央政府与各自治区政府共同出资，加快灌溉系统的现代化。2009 年 12 月，西班牙政府向联合国气候变化公约提交了第 5 份报告，总结了西政府在面对气候变化方面所做工作。2011 年，又在政府公报中公布了项目环境评估报告，还对各级政府审批过的项目进行了战略性环境评估。为确保评估过程的透明，所有的项目资料都放在农业部网站上供普通民众查阅。对环境影响的评估不仅向利益相关方提出，可能受到项目影响的各有关协会及地方政府都参与其中。由于地形多样、面积广阔以及所处的地理位置，西班牙是欧洲动植物种类最多的国家之一。地面上物种总数估计可达 9. 1 万种，2011 年，西班牙通过法律确定了受特殊保护的物种及濒危物种清单。

为了把分散的农民组织起来，抵御自然风险和市场风险，西班牙从 19 世纪末期产生第一个农业合作社开始，到目前为止合作社依然是农业生产中最重要的经济组织。通过各种类型的农业合作社，实现了农业的规模化、产业化和现代化。西班牙制定了专门的《合作经济组织法》，按照西班牙中央和地方分权的原则，各大区也制定了有关合作社的法律法规，其中瓦伦西亚大区 1998 年发布了合作社法律。认定农业合作社是从事农业、畜牧业、林业及相关产业的农民或农场主，由于共同的社会目标和开发共同的产业联合起来进行合作生产销售，并进行民主管理和决策，具有法人地位的经济组织，其主要职能是：为社员提供生产资料和生产工具；帮助社员解决生产困难，完善生产过程；按照社员愿望对生产的产品进行销售、加工和对剩余产品进行处理；购买、完善、分配和维持与土地有关的相关事宜；为社员提供各种形式的服务，促进农村经济发展；当合作社之间以及合作社社员之间在需要时可进行资金拆借、融通；帮助和促进信用社和金融机构为社员发放小额贷款。如合作社在农村信用社设有专门的办公室，帮助信用社为社员提供信贷等服务；加强与其他合作社的协作，不断充实和完善服务职能等。

西班牙农业合作社的类型很多，有酸类水果种植合作社、农业与环境保护合作社、纯种子培殖合作社、灌溉和地下用水合作社、农村金融合作社、产品仓储包装销售合作社、产品加工销售合作社及其他类型合作社。按照农业合作社的发展层次，分为一级农业合作社、二级农业合作社。一级农业合作社成员都是农业生产者，二级农业合作社主要成员是一级农业合作社或外来原料供应者、服务者。同一行业 5 个以上的农业合作社可以组成行业联合会，不同的行业联合会可以再联合，最大的联合会是 FELOAN CCAE（西班牙合作社联合会）。西班牙法律规定，农业合作社由社员共同出资建立，资本金最低为 10 万欧元，初始社员最少要出资 3000 欧元作为合作社的资本金，以后新加入的社员要缴费，但不能超过合作社资金的 45%，新社员的缴费不形成资本金，只能分享合作社的收益，对合作社产权结构没有实质影响。以确保社员在合作社的平等地位，防止少数人控制合作社。合作社要从收益中留存备用金，出现亏损时，用备用金弥补，但不能用资本金弥补，以维持合作社的稳定。合作社对债务负无限责任，负债要用社员的所有财产来承担，防止合作社及社员过度借债。实行一人一票的社员民主管理制度。控制决策权掌握在社员大会手中，社员大会选举产生合作社的管理委员会，以及决定经理、审计财务人员等相关重要岗位人选，合作社的方针和预算、决算等重大事项由社员大会决定，社员在合作社中权力和责任对等。合作社采取公平分配的原则。收益在分配前要留足备用金和按法律规定比例提取的培训金，再按社员提供给合作社的农产品数量、等级等进行分配，使合作社的收益分配向劳动倾斜。瓦伦西亚市一个以种植销售柑橘和柿子为主的农业合作社，加工保鲜、分类包装、运输销售柑橘和柿子，利润分配按照从社员中收购的水果数量、等级进行分配，得到了社员欢迎，保持了合作社长久的生命力，从成立到现在已延续了 120 多年。西班牙政府对农业合作社不搞行政命令，主要通过经济和法律的手段规范和促进其发展，并通过财政手段适当资助，引导合作社的联合与合并。政府对进行合并和联合的合作社给予资金补助和扶持，按照西班牙农业部和全国农业合作社联合会达成的协议，农民自愿每合并成立一个联合合作社，最初的 1 至 5 年，政府给予最高不超过 60 万欧元的资金支持（分 5 年拨付），主要用于支付联合合作社成立后的办公场所的租金、办公设备、人员开支、法律登记等费用。法律明确规定对农业合作社的负责人、社员进行培训。除农业合作社必须从收益中提取专项培训基金外，政府也设立了专门培训合作社负责人的专项基金，对农业合作社的男、女领导人分别提供 60%、80% 的培训资金；对农业合作社实行税收优惠。合作社所得税率为 20%，而一般公司的所得税率为 35%。另外是科研扶助。西班牙农业技术研究主要依靠各级科研院所来完成，这些科研院所的科研及管理人员都属于国家公务员。但农业技术的试验和推广大都由科研院所和农业合作社联系，在社员的土地上进行试验或技术推广。虽然西班牙政府在农业部门设有专门的农作物病虫害防治机构，但具体到市镇基层，农作物病虫害防治则是由农业合作社来负责，政府要求农业合作社设专人负责病虫害防治，资金由政府提供。

第二节　亚洲相关国家农业资金管理政策

一、日本农业发展的资金管理政策

在日本，既有政府办的政策性金融，又有强大的合作金融来支持农业的发展，还有一部分其他金融机构。这对第二次世界大战后日本农业的发展起到了极为重要的作用。也正因为如此，虽然日本人多地少，自然环境又比较差，但是它的农业生产和农业现代化却得到了很好的发展。

日本支持农业发展的政策性金融机构是农林渔业金融公库（简称农林公库）。它建立的目的是在农林渔业者向农林中央金库和其他金融机构筹资发生困难时，给它们提供利率较低、偿还期较长的资金。农林渔业金融公库主要是把资金用于土地改良、造林、建设渔港等基础设施的融资，同时用于农业现代化投资、农业改良资金的融资、对国内大型农产品批发市场及交易市场提供市场设施贷款等。农林公库的贷款一般不直接办理，而是委托农协组织代办。并付给一定的委托费。农林公库的贷款利率虽会因贷款种类和工程性质有不同的规定，但总的来说，要比民间金融机构优惠，而且贷款的偿还期限从 10～45 年不等。

日本支持农业发展的合作金融主要是农协系统。农协系统是按照农民自愿、自主的原则登记成立的。它主要由三级组成：最基层的是农业协同组合，为市町村一级。直接与农户发生信贷关系，不以营利为目的，它可以为农户办理吸收存款、贷款和结算性贷款。这也是基层农协的主要任务。除此之外，农协还兼营保险、供销等其他业务。中间层是信用农业协同组合联合会，简称信农联，为都道府县一级，帮助基层农协进行资金管理，并在全县范围内组织农业资金的结算、调剂和运用。信农联作为农协系统的中层机构，在基层农协和农林中央金库之间起桥梁和纽带作用。以它的会员即基层农协为服务对象，吸收基层农协的剩余资金，并在基层农协需要时提供融资服务。信农联的资金首先应该用于支持辖区内部的基层农协的资金需求，其次才能用于支持其他的贷款、农业企业的发展所需资金等。信农联不能兼营保险、营销等业务。最高层的是农林中央金库，为中央一级，是各级农协内部以及农协组织与其他金融机构融通资金的渠道。农林中央金库是农协系统的最高层机构，它在全国范围内对系统内资金进行融通、调剂、清算，并按国家法令营运资金。同时，它还指导信农联的工作，并为它提供咨询。农林中央金库可对会员办理存款、放款、汇兑业务，并且可代理农林渔业金库的委托放款和粮食收购款，后又增加了外汇业务。它的资金主要用于信农联，同时也贷款给关联的大型企业。农林中央金库除了向基层和中间机构提供服务、发行农林债券外，还从事资金划拨周转、部分证券投资业务等。

日本现行的农业保险制度始于1948年，采用“三级”制村民共济制度，形成政府与农民共济组合相结合的自上而下的农业保险组织体系。市、町、村的农业共济组合为基层组织，都道府县设立农业共济组合联合会，承担共济组合的分保，政府领导的农业机关承担共济组合份额以外的全部再保险。政府对农业保险提供一定比例的保费补贴。保费补贴比例依费率不同而高低有别，费率越高，补贴越高，水稻补贴70%，小麦最高补贴80%。日本农业保险的特点是强制性与自愿性相结合，凡关系国计民生和对农民收入影响较大的农作物和饲养动物实行强制险，凡生产数量超过规定数额的农民和农场必须参加保险。另外，日本于1966年建立了全国性的农业信用保险协会，各都道府县一级的农业信用基金协会是其会员，农业信用基金协会是都道府县一级的债务保证的专门机构。

二、韩国农业机械化发展的资金管理政策

韩国农业属于小农体制下的家庭农业，小规模家庭经营占主导地位。韩国政府1972年第一次制定农业机械化事业5年计划，并采用长期低利息的贷款方式扶持农民购买农机装备和扶持农机生产企业。经过近40年的发展，韩国完成主要粮食作物——水稻生产全过程机械化，并在水果、蔬菜、畜产品、农产品收获后环节机械化等领域都取得突破。纵观韩国农业机械化的发展历程，有其工业化和城市化进程加快而诱发的采用先进机器代替人力、畜力生产的内在需求，更有韩国政府以财政补贴和信贷扶持为主要内容的农机化发展资金保障体系。韩国农机化发展的资金支持政策有以下几个显著特点：

（1）围绕农机化阶段发展目标，注重扶持政策的导向作用。在20世纪60年代农业机械化发展的初始阶段，为了推进农机具的机动化，韩国政府采取财政补贴和银行贷款方式供应手扶拖拉机、水泵、植保机械等，逐步将人力、畜力机具改良成为动力机具。水稻是韩国第一大作物，80%的农业人口参与稻米生产，54%的全国耕地用于生产稻米，在水稻栽培上，全国基本上

同时插秧、同时收获，这一时期形成劳动高峰，导致劳动力短期供给严重不足。20 世纪 70 年代，韩国政府围绕实现水稻生产全程机械化目标制定农业机械化发展计划，分阶段分类别对农民购置插秧机、割捆机和联合收获机进行重点补贴，通过 5 个五年计划的执行，到 1996 年，韩国水田作业的机械化程度分别达到耕耘 98%、插秧 97%、收获 96%，达到先进国家水准。后来，随着国民收入的增加，居民饮食消费结构发生变化，对水果、蔬菜等旱田作物和畜产品的消费量增加，但从事旱田作物生产的劳动力日益不足，韩国政府将农业机械化补贴重点调整为促进果树、蔬菜及特殊作物、畜牧业等旱地作物机械化。

（2）扶持资金来源渠道广泛。韩国农民购机补贴资金除来自中央或地方财政补贴之外，还能获取国际机构、外国政府和本国金融机构高额优惠贷款。20 世纪 70 年代，韩国政府曾从亚洲开发银行（ADB）、德国 KFW、日本海外协力基金（OECF）等机构获得大量发展农业机械的援助资金。1996 年以前，韩国政府对农民购买农机实行财政无偿补贴政策。根据机型和价格的不同，政府补贴的比例最高可达价格的 50%。农民只需首批支付 10% ~ 20% 的资金，其他资金可享受国家银行提供的优惠贷款。1996 年以后，政府向农民提供的购机补贴取消，但加大了提供优惠贷款的幅度。目前，农民购买农机只需要首付 20% ~30% 的资金，其余可全部采用抵押的方式向银行贷款，一般以耕地为抵押物，5 ~8 年还清贷款，贷款利息远远低于工业贷款。

（3）注重对农机共同利用组织的补贴，提高农机使用效率。韩国政府从 20 世纪 90 年代开始将水稻、果树、蔬菜、花卉以主要产区为中心推行规模化种植，并将农业机械化扶持重点放在农业机械化共同利用组织，鼓励农民共同购入、共同使用。除对农民购机实行高额补贴外，韩国政府还对农机用油、农民技术培训、农机修理等给予财政支持，不仅让农民买得起，还要用得起、用得好。韩国的石油基本靠进口，油料的价格由基本价和税收加价两部分组成。农民购买农业机械进行农田作业，只需支付无税基本价（约为油价的 40%），而免除税收加价部分（约油价的 60%）。韩国省级农业技术院、县级农业技术中心甚至一些大型农机企业，都设有专门的农民培训职能机构，为农民免费提供培训，农业机械的使用是最重要的培训内容。培训部门每年根据农业季节的不同，制定出不同的培训计划，并向社会公布，由农民自愿报名参加，培训单位在培训期间免费提供食宿和发放工作服。培训结束后发给农民培训证明，作为农民申请国家银行提供优惠购机贷款的条件之一。此外，为确保小型的农业机械售后服务、修理用零部件供应，韩国每年提供150亿~250亿韩元的长期低息贷款，在道、郡、面各级设立零部件中心或售后服务业所。政府还无偿支援部分农机修理设施及装备，向市、郡农村指导所和民间农业机械修理店支援巡回修理服务用车辆，并提供购买无线装备及电算化资金，促进农业机械售后管理的现代化。

三、印度农业发展的资金管理政策

印度独立初期，高利贷占印度农村信贷总额的一半以上，其他信贷规模比较低。印度从20世纪60年代开始，实施绿色革命。以各种措施来支持农业的发展。它的措施以推行现代农业技术为中心，辅之以农业信贷、财政补贴、价格支持等。随着这些措施的实行，印度支持农业发展的金融体系逐渐发展和完善，从而高利贷活动所占份额也大大减少。现在，印度既有合作性质的农业信贷机构，又有政策性金融机构以及商业银行等来支持农业的发展。

印度的合作性质的信贷机构分为两类：一类是提供短、中期贷款的合作机构，主要是信贷合作社；另一类是提供长期信贷的合作机构，主要是土地开发银行。

信贷合作社是向农民提供廉价信贷的来源，它有三个层次：一是初级农业信用社。它是农村信贷合作社的基层机构，主要向社员提供短中期贷款，期限一般是一年，利率比较低。除提供贷款外，它还向社员提供生产资料供应、安排剩余农产品销售等服务。二是中心合作银行。它是中层信贷合作机构。其经营活动限于某一特定区域，主要是向由农民组成的初级农业信用社发放贷款，以解决其成员即初级农业信用社资金不足的困难。它在初级农业信用社和邦合作银行之间起中介作用。三是邦合作银行。邦合作银行是合作信贷机构的最高形式，其成员为邦内所有的中心合作银行。它的资金主要来源于从印度储备银行取得的短、中期贷款，还吸收一部分个人存款及中心合作银行的储备，然后再向其成员提供资金。以满足它们的信贷需求；土地开发银行是为了适应长期信贷的需要而设的，主要是为农民购买价值较高的农业设备、改良土壤、偿还国债和为赎回抵押土地提供信贷。它也分两级，即每个邦的中心土地开发银行和基层的初级土地开发银行。初级土地开发银行直接与农民有货币资金的往来，中心土地开发银行则主要是向初级土地开发银行提供资金，是连接初级土地开发银行与其他金融机构的纽带。

印度支持农业发展的政策性金融机构主要是地区农业银行及国家农业和农村开发银行。地区农业银行设立的目的是满足农村地区被忽视的农民、手工业者等的专门需要，发展农村经济，从而促进印度落后地区经济的发展，缩小与发达地区的差距。地区农业银行不以营利为目的。主要向生产急需的贫穷农民提供贷款。并且贷款利率不高于当地信用社的贷款利率。除了与农业直接有关的贷款外，还提供贫穷农民经常需要的消费贷款。目前，地区农业银行已日益成为不发达地区贫穷农民直接得到信贷资金的主要渠道。国家农业和农村开发银行是印度当前最高一级的农业金融机构。它有权监督和检查农村信贷合作机构、地区农业银行的工作，并资助商业银行的农村信贷活动。它可以全面满足农村地区各种信贷需要，为农业的发展提供短、中、长期贷款。商业银行在为合作社和小企业融通资金、促进印度广大农村落后边远地区的发展方面起了特别重要的作用。印度商业银行除了向农民提供购买抽水机、拖拉机及其他高价值的农机具和购买牲畜、发展果园等直接贷款外，还向有关农业机构提供间接贷款，如向农产品销售和加工机构、土地开发银行、采购粮食的机构等提供贷款。

印度的农业保险充分发挥了保险在分散农业经营中风险的重要作用。印度的农业保险可追溯到20世纪40年代，几经波折直到1972年农业保险才得以迅速发展。它实行自愿保险与有条件的强制保险相结合的方式，即进行生产性贷款的那些农户必须参加相关农业保险，其他的保险如牲畜保险，实行自愿的原则，由农户根据自己的条件选择是否参加。由印度中央政府制定的农业保险计划从1999年3月起实施，它由印度保险总公司执行，面向所有农户，从银行获得贷款的农户必须参与该计划，而没有获得贷款的农户可自愿参与。另外，印度最近开始开办经济作物保险，并且，更多种类的农作物被纳入农作物保险计划。2005年已宣布经济作物将被纳入保险范围。随后，印度农业保险公司也制订出多个专项保险计划，主要针对茶叶、橡胶、棉花和甘蔗种植。

第三节　北美洲相关国家农业资金管理政策

一、美国农业发展的资金管理政策

美国农业金融机构在20世纪初才开始建立。经过几十年的发展，已形成了比较完备的农业金融体系，它主要由政府农业信贷机构、农场主合作金融的农业信贷系统、商业金融机构及私人信贷组成。这些金融机构分工协作，互相配合，共同为美国农业的发展提供资金支持及其他服务。

政府农业信贷机构由政府所有，专门为农业发展服务，如农民家计局、商品信贷公司、小企业管理局、农村电气化管理局等。农民家计局的贷款对象主要是那些难以从其他金融机构获得资金的资力薄弱或新创业的农民，贷款以中长期为主，利率明显低于市场利率，因此，大部分贷款均有贴息。农民家计局的资金主要用于贷款、担保和向农村公益性项目提供资金支持，它不直接向农民发放贷款。商品信贷公司的任务是对农产品进行价格支持或对农业生产给予经济补贴，其资金主要是提供贷款和支持补贴，主要包括向执行休耕计划的农场提供农产品抵押贷款，这是一种“无追索权贷款”。另外，它还对遭受洪水、干旱等自然灾害而造成种植面积减少或较大减少给予灾害补贴，对市场价格低于目标价格的差价给予差价补贴，为购买仓储、干燥和其他处理设备提供贷款等。农村电气化管理局主要对农村电业合作社和农场等借款人发放贷款，用于组建农村电网、购买发电设备等。小企业管理局是

1953 年为了针对小企业提供贷款而设，其主要职能是向那些不能从私人信贷机构获得贷款的小企业提供贷款。

美国的合作金融是在 20 世纪初经济大萧条时期由政府倡导建立的，它主要包括联邦中期信贷银行、合作社银行、联邦土地银行，由农业信用管理局管理。联邦土地银行的贷款业务经过联邦土地银行合作社直接面向借款人。借款人要想向土地银行借款。必须向联邦土地银行合作社认购至少相当于本人贷款额 5% 的有投票权的股票，成为合作社社员，取得一人一票权。偿还全部借款后，社员自愿决定是否退回股金。而合作社必须认购同等数额的股票，而成为该区联邦土地银行的股东。联邦土地银行的资金主要是提供长期不动产抵押贷款，其贷款对象主要是本地区的农场主、农业生产者、与农业有关的借款人。联邦中期信贷银行的建立在于沟通都市工商业金融与农村的农业金融，以吸取都市资金用于农村。因此它主要是提供中短期的动产农业抵押贷款，但它不是直接贷款给农户，而是贷给农民的合作社及其他各种农民的营业组织，以贷给生产信用社为主，以促进农牧业的生产与经营。合作社银行的资金主要用于贷款，目的是为了帮助合作社扩大农产品销售、储存、包装、加工农产品，保证农业生产资料供应和其他与农业有关的活动。合作社银行主要提供三种贷款：一是设备贷款，二是经营贷款，三是商品贷款。除这三种贷款外，合作社银行还开展国际银行业务，为农业合作社农产品出口提供便利。

美国的保险业在支持农业发展方面也发挥了重要作用，政府对农业保险的补贴一般可达美国农业增加值的 1% 以上。联邦农作物保险运作包括三个层次：第一层为联邦农作物保险公司，第二层为有经营农业保险资格的私营保险公司，第三层为保险代理人和农险查勘核损人。联邦农作物保险公司从 1996 年后，逐步退出了农作物保险直接业务的经营，将其交给私营公司经营或代理，联邦农作物保险公司只负责制定规则，履行稽核和监督职能，并投资再保险。私营保险公司在承担农作物保险业务时一般会得到政府提供保费补贴、费用补贴以及其他方面的支持。保险代理人分为独立代理人和私营公司自设的代理人，他们负责销售农作物保险。前者可为多家公司代理业务，而后者只为一家公司服务。查勘核损人负责农业保险的查勘核损工作，跟代理人一样，也是既有独立的查勘核损人，也有私营保险公司的职员，他们都需要经过培训、考试取得资格后才能从业。

二、加拿大农业发展的资金管理政策

加拿大拥有耕地面积4600万公顷，占国土总面积的5%，其中，西部草原省（主要包括阿尔伯塔省、萨斯卡彻温省和曼尼托巴省）占81%，其余省份占19%。现有农场24.7万个，平均面积676英亩，约合4056亩。农业人口35万人，占就业总人数的2%。加拿大农业作物及其食品主要有：小麦、大麦、燕麦、大豆、油菜籽、红肉类（牛肉、猪肉和羊肉）、水果、蔬菜、烟草、饮料、酒类等。各省农产品独具特色，不列颠哥伦比亚省主产水果、蔬菜和花卉，西部草原省主产红肉类和谷物，安大略省和魁北克省主产红肉类和乳制品，大西洋省（新不伦瑞克、诺娃斯科舍、纽芬兰和爱德华王子岛）主产马铃薯和乳制品。仅1/2的农产品用于国内消费，其余部分全部出口。加拿大粮食出口仅次于美国和欧盟，居世界第三位。其中，小麦产量的70%和大麦产量的近20%用于出口。加拿大的农场全部集中在南部，那里的土壤以肥沃的棕壤和黑土为主，保肥性状良好，是国家的粮仓。另外一个重要农区是“中部地区”，即安大略和魁北克两省。西部地区多山，农耕作业大部分局限于高原地及盆地，主要有养牛业和饲料作物。“太平洋地区”只有一个省，即不列颠哥伦比亚省，大部分是高山和森林，木材蓄积量占全国的2/5，但耕地只占全省面积的2%，农场集中在温哥华岛上。这个省是全国最大的苹果生产基地，此外，花卉、园艺等产品也较重要。加拿大森林面积达440万平方公里，产材林面积达286万平方公里，分别占全国领土面积的44%和29%，林材总蓄积量172.3亿立方米。政府一直实施植树造林计划，妥善处理采伐、造纸与森林资源保护的矛盾，保持植树造林、封山育林与采伐开发的大体平衡。1994年，加拿大成立了一个独立委员会负责对林地保护区系统进行管理，1999年，将农业用地和林地保护两个委员会合并为一个土地保护委员会。林业及其衍生产业（如造纸业）是加拿大的最大产业之一，林材、林木制品和纸张也是加拿大的主要出口品。加拿大水资源非常丰富，淡水覆盖面积达 89.1163 万平方公里，淡水资源占世界淡水资源的 9%。但是，加拿大仍制定全国水资源法规和政策，明确提出“水质和水资源保护是现代环境保护中的基本问题”，指导人们合理有效利用和保护水资源。在水资源利用上，实行许可证制度，要求废水循环利用或达到标准排放，用户提出用水申请时，必须保证不污染环境及水生生物；对于可能对环境造成影响的建设项目，必须向省环保局及有关管理部门提交环境影响评估报告；经过河湖的工程项目，必须申请批准施工期限，一年内未能建设则需另行申请，不准跨流域调水或将水出口。

加拿大有多个分工明确的农业管理部门。全国农产品委员会（NFPC）负责提高加拿大农业的效率和竞争力，帮助促进加拿大各省和各地区以及国际之间的农产品销售；加拿大谷物委员会（CGC）负责制定和维持加拿大谷物质量标准的联邦部门，对谷物行业进行管理，以保护生产者的权利并确保谷物交易的诚信。谷物委员会（CGC）的经费主要来源于两个方面：一是对农民粮食的质量检验、称重收费收入，占 65%。二是政府拨款，占 35%。加拿大的谷物从农场生产出来后到运至市场的过程中，全部实现了散粮装卸和运输，有效地保证了谷物品质，避免了损失。加拿大小麦局（CWB）主管有关小麦、大麦的生产、运输、销售等环节的一切活动，根据市场情况规定下一生产年度的小麦播种面积。作为唯一的小麦和大麦代理商，它规定加拿大西部农民只能先把粮食出售给小麦局，再经它协调出售。主要从事国际贸易，与外国进口商签订出口合同，执行价格支持政策。加拿大小麦局代表农民利益进行经营，其董事会的 15 名成员中，10 名由农民选举产生，5 名由政府任命。CWB 每年对要求进入小麦局经营的农民进行鉴定，实行许可证管理，与具备资格的农民签订合同。根据《草原谷物预付法案》，在谷物的购销方式上实行垄断经营、统购统销，在价格上实行统一价格，分期付款，二次结算。CWB 对农民的收购价格根据国际市场价格和供求情况而定，先是预测销售价格，按这一价格的 75% 作为收购价格一次买断农民的粮食，售出后再与农民进行二次结算。在扣除一定费用后，将收入全部返还给农民；加拿大农业稳定局的主要任务是对牛、猪、羊、奶油、干酪、蛋类以及蜂蜜、大豆、马铃薯、羊毛、家禽等20多种商品实行价格保障。

加拿大联邦和各省政府对农业的发展十分重视，并且每年投入大量资金以保证农民的正常收入，促进农业的稳定发展。加拿大财政支农的重点主要体现在两个方面：一是价格支持政策。1944年以来，加拿大实行过农产品价格支持法。1955年实行新的价格支持法案——《农业稳定法》。据此规定，农业稳定局拥有2.5亿加元的周转基金，供执行各项稳定计划之用。如果发生经营亏损，则由议会拨款给予补偿。政府用支持价格等办法，协助农场主转嫁危机。但是，支持的结果是生产过剩的矛盾。因此，自20世纪70年代以来，政府采取发放补贴鼓励削减生产计划。该计划规定，凡将上一年度播种小麦的耕地转为夏季休闲地者，可得到每公顷14.8加元的奖励金；凡将休闲地进一步改为永久性饲料地者，每公顷还可以得到追加补贴9.88加元，这个计划执行的结果，使得加拿大的小麦播种面积和产量基本上与市场的需求相适应。目前，《农业稳定法》规定对9种不同的商品提供价格支持。支持价格是根据最近5年平均价格的90%，加上近期基期相比增加的现金费用来确定的。二是农民收入稳定计划。主要反映在《加拿大农民安全网方案》中。该安全网共有5种方案，即农民净收入稳定政策、农业收入稳定计划、农作物保险、预支农民方案和补助方案。农民净收入稳定政策（NTSA）从1990年开始实施，主要做法是：鼓励农民将收入的一部分存入NTSA的账户中，农民存多少，联邦和省级政府也存入相同数量的资金。农民收入好时可多存，不好时少存。政府对申请加入NISA的农民，要经过资格审查，要求农民必须每年向政府缴纳所得税，并要求其是全职的种植业农民，不能搞其他经营。农民一般不轻易提款使用，只有遇到灾害时才提款。如果想把所有存款都提出，政府要对其收入和支出情况进行核算，方法是计算出农民最近5年的平均净收入，如果本年收入低于该值，就允许农民将存款全部提出，但2年内不允许再加入。NTSA对解决加拿大农民抵御风险发挥了较大的作用，受到了农民的欢迎。农业收入称冠计划（CATS）是对农民收入下降时的救济方案。申请 CATS 的农民同时也可申请加入 NISA。农民提出申请经批准后，需要定时向政府报税，政府将农民前 3 ~5 年收入的平均数与当年收入比较，当年收入低于平均收入的 70% 时给予救济，救济的标准是补到 70%，联邦政府承担 60%，省政府承担 40%，农民可以在遇到灾害时随时申请 CATS。农作物保险是农民遭受自然灾害时，联邦政府和省政府联合出资赔付，具体工作由省政府负责。预支农民方案是在预计农民种植的粮食卖不出好的价格时，政府可以先预付农民一部分借款，第一个 5 万加元无息，超过部分收取利息，预支农民方案所需资金均由联邦政府支付。补助方案是联邦和省两级政府合作，对产粮主要省份的农民，及一些缺少农业种植经验的年轻农民进行特殊补助，因各个省的情况不同而采取不同的补助方式。

在支农资金管理上，加拿大主要通过法律、法规来保护农业，并且有相应的机构负责实施。联邦和省农业部门职责明确，专业部门责无旁贷。加拿大对农业的干预或扶持政策，都有明确的机构负责实施，联邦和省两级政府也有自己的职责范围。加拿大对农用土地的利用、转让、开发管制较严，土地虽然私有但最终的使用权则在省和地方政府，农场主不得随意改做其他用途。对不愿种植农作物的安大略省来说，农场主可以从事养殖业，但政府和行业协会对其产量实行配额管理，以维护生产者经济利益和市场稳定。在农业科研的投入方面，加拿大在发达国家中处于比较领先的位置，在加拿大联邦一级的自然科学工作者中，农业科技人员占总人数的第一位，约占 28%，在联邦政府对自然科学的总支出中，农业科研的比重约占 12%。

农民能够得到金融尤其是信贷方面的服务，对农业和农村发展非常重要。20 世纪 20 年代以前，加拿大为农民和农村居民提供金融服务的主要是私营部门。当时贷款期限很短，一般是一个运转周期，最长是 5 年期的按揭贷款。1929 年世界性的经济大萧条再加上干旱，加拿大草原地区 2/3 的农村居民靠政府救济度日，抵押贷款公司开始没收无力偿还贷款农民的土地。在此情况下，联邦政府于 1929 年建立了加拿大农场贷款委员会，为农民提供长期的抵押贷款以进行干预。1934 年，加拿大通过了《农民债权人安排法》，规定在有某些情况下可以减低农民的债务面值。1942 年，联邦政府通过了

《退伍军人土地管理法》，鼓励二战退伍军人从事农业生产活动。加拿大农场贷款委员会随后演变成为加拿大农场信贷局，也是若干年来向加拿大农村地区提供贷款的主要部门。农场信贷局是联邦政府的直辖公司，它通过农业及农业食品部长对议会负责。提供各种灵活的金融产品和服务，支持由农户管理的多样化计划以及农场之外的增值业务。当时，部分省政府也采取了干预措施，成立了省立债务处理委员会。在萨斯喀彻温省，还相继由个人和农业合作协会组成了信用社，吸纳会员存款并将部分存款用于会员贷款。如今，信用社是除加拿大农场信贷局之外最重要的农村金融服务机构。加拿大农村信用社定位于动员本地储蓄，并将一部分储蓄用于贷款，特别是向当地农业、农民贷款。政府允许信用社依照市场行情确定利率，运用多种方式抵押担保。实行有效的监督机制，包括建立绩效标准，鼓励自我监督、同伴与集体监督，注重及早发现问题，提供恢复性援助等。

三、墨西哥农业发展的资金管理政策

墨西哥支持农村发展的金融机构比较齐全，包括国家农业银行、商业银行、保险公司、国家外贸银行、全国金融公司等等。在改革过程中，墨西哥逐步实现了农业资金供给的多元化，可以根据农户的不同情况，分别由不同的金融机构提供资金，如现代化大农场的资金由商业银行、保险公司、国家外贸银行等金融机构提供，具有一定生产潜力的中等农场或农户的资金主要靠国家农业银行提供优惠贷款，那些生产落后、不能获得正常银行贷款的贫困地区或贫困农户则依靠政府通过专门的基金会提供低息或无息贷款来发展生产、保障生活。

在墨西哥的农业发展过程中，农业保险起到了不可忽视的作用。墨西哥的农业保险开始于 20 世纪 40 年代。目前，墨西哥开展农业保险业务的共有 5 家保险公司，除墨西哥农业保险公司外，其他 4 家为商业保险公司（兼做农业保险业务）。墨西哥农业保险公司属于国有性质，其初始资本金由墨西哥财政部提供，国家财政还提供该公司费用的 25% 以示支持，并对整个农业保险给予政策免税，它的保费收入占全国农险保费收入的绝大部分。墨西哥还有其他4家商业保险公司经营一部分农业保险业务。这几家商业保险公司的农业保险业务向国有农业保险公司分保，并可经墨西哥农业保险公司从政府获得30%的保费补贴。国家通过财政补贴及其他经济政策（如农业信贷政策）支持农业保险业务的开展。墨西哥农业保险的推广主要是采取自愿的原则，但是，对一些种植业、养殖业保险，按照规定，农民只有向保险公司进行保险才能获得其需要的贷款，这就使得一部分种养业保险实际上是采取了强制的措施。因此，可以说墨西哥的农业保险也是自愿与强制相结合。

第四节　其他国家支农资金政策对我国的启示与借鉴

一、重视对农村经济组织的培育和扶持

改革开放以来，我国农村地区主要实行以农户家庭为单位的个体农业经营，规模小，生产方式落后，效益低下。这种经营方式在农村改革初期，与当时的农村生产力和社会发展状况是相适应的，但随着农业现代化水平的不断提高，客观上要求我国农业必须适应新的形势，加速发展，不断提高自身的竞争能力。因此，要使新农村建设取得真正的突破，必须把分散的农户联合起来，变个体的、小规模的农业生产为适度规模的生产，以提高劳动生产率和获取规模效益，这已从国外及国内部分城市的经验中有所反映。美国农业生产历来以家庭农场为主，利用农场主及其家庭劳动力组织生产与管理。但是，随着农业生产力的发展和农场规模的扩大，单靠农场本身已无法兼顾农业的产前、产中和产后的一切工作，于是在农业各个领域内出现了大批为农业服务的各种组织和公司，把农业的产前、产中和产后所有环节组成一个有机整体，一般称为农业综合体或叫农业一体化，形成了一个社会化的服务体系。按商品经济规律组织农产品生产、流通和消费，采取多种形式，使之相互协调配合并有严格的立法和合同制度保证，使其农业实现了工业化生产，通过生产合同和销售合同实现农产品的销售。在美国，即使通过各级农

产品市场出售的产品，也是由各种代理商和批发商负责，农场主直接销售的仅占5%左右。在一体化条件下，家庭农场通过农产品加工企业和农业供销合作社签订生产合同和销售合同而被垂直地结合到农业综合体中去了，使家庭农场成为农业社会化生产；欧盟各国具有社会经济特征的农业协会和合作社主要有合作社、农业加工社团、农业生产者组织、农业病虫害防治组织和其他农业组织，这些组织构成了欧盟各国农业和食品加工业的基石，也是欧盟政府农业补贴和金融机构重点支持的对象；韩国将水稻、果树、蔬菜、花卉以主要产区为中心推行规模化种植，并将农业机械化扶持重点放在农业机械化共同利用组织上。新农村建设的主要目的是发展农村经济，如果只重视农户，不重视对农村经济组织的培育，基本上是不可能的。因此，必须重视农业产业化经营，推进农业向商品化、专业化、现代化转变，形成产、加、销有机结合、相互促进的机制，并通过产加销一体化对农产品进行深度加工，提高产品附加值，提高农产品的比较效益。通过对农村经济组织的培育和扶持，把农业与第二、三产业结合起来，促进农业剩余劳动力向第二、三产业转移，以扩大非农产业规模，开辟增加农民收入的有效途径。

二、重视农业机械化水平的提高

农业机械化是农业现代化的主要内容和重要标志，加快发展农业机械化，是建设社会主义新农村的内在要求，必须把它摆在更加突出的位置。纵观国际国内农业发达的国家或城市，无不通过机械化、自动化来提高农业的劳动生产率。

经过若干年的发展，我国各地农业机械化水平有了不同程度的提高，但总体来看，农业生产力水平较低，农户经营规模小，农民自我积累能力比较弱的情况仍普遍存在。而农机成本较高，尤其是大型农业机械，仅靠农民自身积累和投资完成农业机械化是不现实的，需要国家采取支持政策扶持农机化发展。相比韩国及其他农业发达国家发展农业机械化的投入，我国目前各级政府的财政补贴力度还无法完全解决农业机械化投资不足的问题。因此，在财政预算允许的情况下，中央和地方政府应该逐步加大财政补贴力度，支持农民购机热情，促进农机企业结构调整，拉动民间资本进入农机工业和农机作业服务行业。探讨利用金融政策扶持农业机械化发展的机制，通过银行信贷为农民或经营组织购机、农机制造企业产品结构调整或技术改造提供低息或贴息贷款。要充分考虑农村和农业发展实际，集中力量解决重点作物的机械化问题。在我国今后相当长一段时间，水稻、玉米、棉花等大宗粮食作物生产过程机械化水平的提高仍应作为农业机械化发展的重点，这是保证粮食综合生产能力、解放农村大量劳动力的必然选择。因此，财政补贴资金要侧重于实现大宗粮食作物机械化的机具或技术。同时，要结合中国现行的优势农产品区域布局，优先补贴优势农产品机械化，推动规模化种植和标准化生产，提高农产品竞争力。在坚持家庭承包经营体制长期不变的情况下，解决小农户与大机械矛盾的有效途径是建立农机社会化服务体系，通过分工改变农民与机械和土地的结合方式，使工程技术的配置和运用脱离土地规模的约束。财政补贴资金要重点向农机大户、农机服务专业公司、种粮大户等倾斜，提高农业机械利用率。要强化扶持政策，多渠道、多层次地加大对农业机械化的投入，逐步建立起长效的政策扶持机制，保持连续稳定的购机补贴政策，不断增加补贴资金总量，适度扩大补贴机具范围，积极鼓励农民、农机专业合作组织购买和使用农业机械。积极创造条件，努力争取实施农用燃油补贴政策，降低农机作业成本，减轻农民负担。根据农业机械化加快发展的需要，逐步增加农机科研、推广、培训、监管和农机基础设施建设的投入，为农业机械化工作的顺利推进提供必要的资金保障。加强对补贴机具的管理，建立有效的监管机制，特别是对大型农机具要严格审批程序，严禁补贴机具倒卖、外流现象发生，确保购机补贴资金的有效使用。要大力提高农机装备总量和质量，扩大农机作业面积和范围，努力提升综合机械化水平，同时，要在选择和制造更多用途的适农机械、提高售后服务和推进农村二、三产业发展上下功夫。各级人民政府和有关部门，要充分认识加快发展农业机械化的重要性、紧迫性和现实性，明确工作职责，以实际行动推进农业机械化跨越式发展。要按照中央提出的“大力推进农业机械化，提高重要农时、重点作物、关键生产环节和粮食主产区的农业机械化作业水平”的总体要求，以加强农机新机具新技术推广为基础，以加强农机技术创新、质量监督和安全监管为保障，以完善农机发展的机制体制为重点，以推进水稻生产全程机械化为带动，增加农机装备总量，提高农机发展质量，拓宽发展领域。一是加强先进适用农机新机具新技术的推广，调整农机装备结构，加强农机研发工作，开发一批适合丘陵山区特点的适农机械，扶持一批创新能力强、有发展潜力的农机生产企业和产品，做大做强农机工业，为提高农业的物质装备水平提供坚强的技术支撑。要加强对农机产品的技术鉴定、质量监督和安全监管，严厉打击假冒伪劣产品，提高农机产品质量；二是完善农机发展机制，提高综合作业水平。以推广水稻机械插秧技术为突破口，大力开展机收跨区作业，有效提升农机作业水平。加大对农村机电提灌设施的技术改造，实现粮食主产区能排能灌，稳定粮食产量。三是大力培育农机专业合作组织和农机专业户，努力提高耕作机械化水平。以农机专业户为基础、以农机专业合作组织为支撑，以增加作业面积和收入为目标，培育一批有服务带动能力、有较高经营收入的农机大户和农机专业服务组织，增强农机作业社会力量，提高农机使用效益。四是按照社会化和市场化的要求，以方便群众为原则，不断探索新的农机维修服务模式。加强对农村青年和农机手的培训，提高操作技能和经营服务能力，促进农村劳动力就地转移。加快农机维修服务网点建设，建立起符合市场经济规律的农机维修保障体系。

三、重视农业科技成果的研发与转化

科技是第一生产力，这已在多个行业得到了认可，在农业领域也不例外。美国政府认为农业科技是一种最有远见、经济效益最高的投资，最近30年来，美国农业生产增长的80%，生产率提高的70%以上都归功于农业科技研究与推广。欧盟、日本等国十分注重对农业科技研究的投入，尤其是在设施农业方面取得了多项重大进展并引领着世界农业的发展方向。在我国，许多地方都出台了扶持农业科技发展的政策，并设置了农业科技发展专项基金，如重庆、厦门、广州等。随着一系列措施的落实，众多农业新技术、新设备、新品种陆续引进，科技对农业增长方式转变、产业优化升级的促进作用日益突出，有力地推动了现代农业的发展。一些地方在蔬菜、甜瓜、杂交粳稻、生猪育种以及农产品保鲜加工、动物克隆等方面的成果已达国际或国内领先水平，农业科技进步率占农业总产出增长率的份额不断提高。但与此同时，许多地方仍存在农业科技投资主体少、科技基础条件薄弱、农业科研和推广经费不足、推广手段陈旧、农业科技成果转化率低、农业科技创新和应用水平不高等问题。

科技发展无止境，要充分挖掘农业的产出水平和潜力，促进农业各生产要素合理有效配置，需要持续有效的投入机制和管理机制。因此，借鉴各国各城市的经验，应不断增加农业科技领域的财政投入，实施农业科技创新工程，建成一批农业重点实验室，在不同农业生态区域选建科研观测站，在农产品优势区域内选建技术创新中心、农业投入品创制中心和农业加工品创制中心，大力推进原始创新、集成创新和消化吸收再创新，增强自主创新能力。形成以农业科研院所、大专院校和具备研发能力的龙头企业为主的科技创新主体，争取在动植物品种改良、生物技术、节本增效技术、动植物疫病防治、农产品质量安全、生态环境保护及资源高效利用等重大关键技术领域取得突破；利用风险投资、创业基金、银行信贷等手段，实施农业科技成果转化应用工程。大力推广先进实用、节本增效技术、农业标准化生产技术，在农产品优势区域内选建农业科技成果中试熟化基地、农业科技成果转化促进中心等，加快农业科技成果向现实生产力转化；建立农业科技推广运行机制。加强科技成果转化和技术推广，加快发展农业科技产业化，强化农业创新人才培养，切实提高农业科技创新能力，加快实现农业设施化、产品科技化、品种优良化、农民知识化和农村信息化，推进现代农业快速发展。建立以农技推广机构、企业、中介机构、农民专业合作经济组织为主的技术推广主体，以农业科研教育单位、农技推广机构和农业产业化龙头企业为主的农民科技培训主体。改善推广条件，充分发挥其对农业科技成果运用、农业信息服务、农业生产资料、农产品质量安全、农业资源环境保护、农业灾害防治等方面的服务作用。加强农民的科普教育，普及农业科技、市场营销、组织管理和政策法规知识，增强农民吸纳、运用新技术的能力，提高农民科学文化素质，用现代农业科技知识武装农民，使广大农民成为有文化、懂技术、会管理、善经营的新型劳动者。

四、重视农村金融体系的完善

农业是弱质产业，完全依靠政府投资是不可能的，也是没有必要的。而其自身吸引资金的能力比较有限，需要政府的强力介入。从一些农业发达的国家看，尽管各国情况不同，但用于支持农业发展的农村金融体系比较健全，既有政府的金融机构又有民间合作性质的金融机构，还有其他一些商业性金融机构及私人借贷等，它们互为补充、互相促进，共同支持农业的发展。如美国建立了多元化的金融机构支持农业发展，这些金融机构在相互竞争中求生存，在分工中实现互补，共同促进美国农业的发展。美国互助合作性质的联邦土地银行、联邦中期信贷银行、合作社银行建立后，逐渐取代了商业金融和个人信贷在农业信贷中的地位，联邦土地银行在长期信贷中有明显的优势。商业金融和个人信贷在短期农业信贷中占重要地位。政策性金融即联邦政府的农业信贷机构如农民家计局、商品信贷公司等则主要是为了推行政府的农业政策，满足农业发展的资金需求，促进农业发展。印度既有合作机构如合作银行、土地开发银行为农业的发展提供短中长期贷款，又有政府的机构如地区农业银行为农业发展提供资金，且印度的商业银行也已涉足农业领域。这些不同性质的金融机构协同运作，全方位满足农业发展不同层次的资金需要。

一般而言，由于农业投入产出率有限，许多农村经济主体无力承受较高的贷款利率，难以从商业性金融机构得到信贷支持。而政策性金融机构则以补位的角色，通过提供宽松优惠的资金满足农业生产经营需求。如美国商品信贷公司为支持农产品价格提供无追索权的贷款和补贴补偿，日本的此类机构提供农业现代化贷款、土地整治贷款等。为保证政策性金融机构具有持续投入农业的能力，政府赋予其多渠道筹资的权利：一是政府拨款。例如美国联邦中期信贷银行、合作社银行的资本金最初都由政府提供，后来才全部退还。韩国的农业协同组合中央会的资金主要来源于政府和中央银行的优惠利率存款。二是发行债券和票据。如果需要，政府可提供担保。三是吸收会员存款和向其他金融机构借款，借款对象可以是本国中央银行，也可以是商业银行及其他金融机构、世界银行、外国金融机构等。不论在发达国家还是不发达国家，政府都对支持农业发展的金融机构提供了强有力的支持。政府不但制定了优惠的政策，如提供利差补贴、税收优惠等，还直接出资支持农业金融机构的建设和发展。从而保证支持农业发展的金融机构体系正常运行。如墨西哥农业保险公司的最初资本金由墨西哥财政部提供，国家财政还提供该公司费用的25%以示支持，并对整个农业保险给予政策免税。

市场经济是法治经济，任何经济活动都需要法律的保护和规范，支持农业发展的金融机构也不例外。美国、日本、印度等都有完备的法律体系来规范这些金融机构的业务活动，如美国的联邦农业贷款法案、农业信用法案，印度的农业中间信贷和开发公司法案等。基于法律的严肃性，相关金融机构在经营过程中有法可依，有章可循，可以避免人为因素的干预，以保障它们更好地为农业发展服务。鉴于农业领域存在较多不可抗拒的自然影响力，各国大都把农业保险制度的建立作为支持农业发展的一个重要环节。如美国政府对农业保险提供高额补贴及其他优惠政策，印度综合保险公司开办了农业保险，推出了农作物保险计划，墨西哥成立了专门的国有农业保险公司等，为农业发展的自然、经济、社会三大风险提供了有效的保障功能。

从国内情况看，除中国人民银行站在中央银行的高度，督促全国农村金融体系的建立与完善外，各地政府还积极发挥财政资金的杠杆作用，在风险补偿等方面采取了一系列有针对性的配套措施。如设立以财政为依托的各级信用担保公司，提供农业保险保费补贴，建立了农业贷款风险补偿机制等。一些地方通过创建金融生态示范区，全方位提升对金融机构信贷资金投放和开展金融服务的吸引力，一些地方采用银团贷款形式，支持农村沼气、农村饮水工程等项目建设，根据农村新民居建设资金需求，积极发放农户建房贷款，围绕“家电下乡”“汽车摩托车下乡”和“万村千乡市场工程”等，大力发展农村消费信贷业务。农村金融创新层出不穷。一是担保物创新。金融机构积极拓展担保物范围，使农户和农村企业拥有的林权、仓单、土地经营权、水域使用权、农机具、订单、应收账款等资产和权利能够有效发挥融资功能。二是通过开展“公司+基地+农户”“专业合作组织+农户”“专业市场+农户”等信贷创新业务，将支农金融服务的对象范围不断向农业生产的上下游延伸。三是采取信用评价、信用增级等方式，推进信用放款。在继续完善农户小额信用贷款和联保贷款的基础上，推出“农户信用评价+信贷”“道德信贷工程”“小企业联保贷款”等产品，根据借款人自身信用或信用联合体的信用等级确定授信额度，在为借款人提供便利的同时，有力推动了农村信用环境的改善。

第五章　提高新农村建设资金配置效率的对策建议

新农村建设资金的配置效率不仅是一个经济问题，更是一个社会、政治问题。任由饱含无数纳税人心血的资金低效运行，虚报侵占、贪污挪用，不仅达不到建设目的，反而会败坏社会风气，加剧农村中固有的矛盾，损害党和政府的公信力，动摇农村的政治、道德基础。结合很长时间以来我国新农村建设资金运行中存在的问题，要提高我国新农村建设资金的配置效率，应从以下几个方面入手：完善我国财政支农资金的整合机制，强化财政支农资金的过程监管与责任追究制度。将支农资金投向的重点由改善基础设施转移到培育设施农业、农民经济合作组织、生态涵养区建设等有利于农民增收、本地劳动力转移和优势发挥的产业，形成新的经济增长点。推进农村土地改革，加快小城镇建设与乡镇企业建设，提升城乡一体化进程。加大我国农业科技和农村培训的投入力度，健全我国金融支农体系，多渠道拓展支农资金来源。

第一节　完善新农村建设财政资金的整合机制

一、加强整合财政支农资金的组织领导

为明确各路支农资金用途，应建立多个涉农部门支农资金的规划、衔接和信息沟通制度。成立强有力的整合财政支农资金常设办事机制和机

构，负责各部门以及部门内部机构之间分配、管理、使用财政支农资金中的工作协调，并规定所有支农项目都必须通过该机构进行申报、审批、实施，引导各部门单位走整合财政支农资金渠道。整合机构从相关涉农部门抽调专业人才组成，由政府分管农业的领导负责，并在财政部门设立办事机构。在维持现有各类支农资金投向相对稳定的前提下，对财政专项支农资金中除救灾资金、有特定用途的资金和给予农户的补助资金以外的其他各类支农资金进行整合，对用途相同或相近的专项支农资金进行整合，对各种社会融资进行整合。做好整合财政支农资金的规划。各部门根据各自不同资金渠道，建立和完善项目库的建设，并制订与之相衔接的专项规划。整合财政支农资金常设机构以项目为依托，根据国家与地方农业建设年度发展规划，明确总体思路、工作目标和重点，建立、完善并及时调整项目库。各部门上报项目经整合机构统一协调和平衡后，列入年度投资计划，实行联合、统一上报，以避免分散、多头投入导致的项目重叠和真空。按照“统一规划、统筹安排；渠道不乱、性质不变；相对集中、配套使用”的原则，由常设机构对各类支农资金进行统筹安排。

在财政支农资金的整合过程中，应充分发挥各级地方政府如省、市、县、乡（镇）新农村建设领导小组、联席会议制度的协调作用。各地在确定支农项目时，应以财政部门牵头，与农业、林业、水利、国土资源、民政、科技等部门联合协商，统筹安排支农项目申报。实行支农资金的合理归并，采取“一揽子”上报、“打捆”下达方式。根据支农资金的内容，可分为：（1）农业基础设施建设资金。将大型农村基础设施、小型农田水利公益设施、农村道路修缮、环境整治等列入此类，可归并各地农业主管部门、财政主管部门、水利主管部门、环保主管部门的部分资金。（2）农业生产支持资金。将设施农业建设、扶贫生产、就业补贴、农业综合开发资金等列入此类，可归并各地农业主管部门、科技主管部门、发改委系统、财政主管部门的部分资金。（3）农村流通支持资金。可归并商务部系统的资金以及良种补贴、农机补贴资金。（4）农村教育培训资金。如义务教育（两免一补）、农民工技能培训等，归并教育系统的资金、科技系统和其他部门的培训资金。（5）农村社会保障资金。如农村最低社会保联、新型农村合作医疗卫生等，归并劳动与社会保障部的部分资金和卫生部的部分资金等。加强部门协调，上下联动，改革和规范现行支农项目申报和资金下达方式，加强对支农项目的选项管理。总量把握和结构优化结合，赋予省市一级财政更大的统筹资金权限。支农资金能细化到项目的，做细选项工作，直接将财政支农资金拨付到支农商品和劳务提供者。不能具体到项目的，上级财政可总量下达，根据情况由省市或区县统筹安排使用。正本清源，设计一套保持资金分配的公平、透明和信息对称的制度，从源头上对支农资金的多头分配进行改革。

二、加强财政支农资金的全口径预算管理

进一步完善政府预算体系，健全预算决策机制，加大统筹力度，继续细化一般预算、基金预算。扩大整合范围，对财政专项支农资金、事业经费进行整合和集成。建立部分重大项目支出预算事前评估机制，提高转移支付资金分配因素和权重的合理性，增强资金分配的科学性。推动政策信息库、滚动项目库和基础数据库的建设，细化项目分类，以预算编制的准确性增进预算执行的高效率。加强财政支出绩效评价工作，完善绩效目标管理体系，建立绩效评价结果通报制度，强化各部门“花钱讲效益”的绩效理念。进一步理清各省市与区县事权范围与支出责任，健全“权、责、利”相对等的运行机制，完善制度，强化责任，促进财力划转与省（市、自治区）对下级区县宏观调控、政策引导的有机结合，提高体制运行效率。取消各相关部门对财政资金“二次分配”权力，将用于下级政府的财政资金从行业主管部门的部门预算中剥离出来，以项目转移支付的形式整合“打包”下达到县、乡（镇）。引入竞争性分配机制，建立健全财政支农资金支出责任的激励机制。同时，对现行不切实际的要求地方配套、专款专用的规定进行调整，发挥资金的综合效益。为取得更好的整合效果，整合过程中应该以财政支农资金为平台，把其他涉农的信贷资金、股权资

金等吸引过来，统筹规划财政资金、政策性银行资金、各类商业金融机构资金，发挥整体综合效益。坚持各级财政资金和政策性金融机构重点投入我国农村基础设施和公共服务领域，农业银行、农村商业银行、邮政储蓄银行等商业性金融机构主要支持农业龙头企业、乡镇企业和高新技术企业，村镇银行、小额贷款公司等补充性金融机构服务传统农业与农户。对于农村小型灌溉工程等有直接受益人的项目，在坚持群众自愿、民主决策的基础上，可以采取财政补贴和私人投资相结合的方式，由直接受益人投入一部分资金以拓展资金来源，让有限的财政资金发挥出更大的效益。对主导产业选得准、财政资金带动力强、绩效突出的地方，给予重点支持。对主导产业项目实施效果不明显、带动作用不强的地方，应及时总结原因，进行合理调整。通过一整套的制度安排、政策支持与市场化运作，实现资源的有效配置，形成我国农村经济可持续发展的内源性机制。

三、建立规范的政府财政支农资金管理制度

从支农项目的选择、立项、实施、竣工、后续管理等整个资金运行过程，都应有相应的管理措施。严格执行各项已有的财政支农资金管理制度，各地财政部门、农口企事业单位编制上报财政支农资金预算，要求真务实，不可弄虚作假，必须坚持收支统管、零基预算的原则，按照：个人部分按标准、公用部分按定额、专项经费按财力和事业需要的原则逐项核定支出，要建立专项资金滚动发展的项目库。财政支农资金应按法定范围和专门用途开支，任何单位和个人不得擅自挤占、截留、挪用和虚报冒领，保证财政支农资金及时足额到位和专款专用。应根据支农资金的用途，扩大专户直拨的范围，如小水电资金、扶贫资金、农业社会化服务体系建设资金等。以逐步实现中央、省（自治区、直辖市）财政预算安排或县乡（镇）本级安排的支农专项资金专户存储、核拨，保证支农资金及时到位。各级财政部门和农口企事业单位财务部门是财政支农资金的管理部门，所有财政支农资金必须纳入财政和财务管理范围，接受财政、财务部

门的监督。省（自治区、直辖市）级财政部门负责本级支农资金预算编制、执行和监督、检查工作。其核拨给下级各部门的财政支农资金管理、使用和监督检查的责任由省（自治区、直辖市）一级农口各单位财务部门负责；核拨给各市、县、区财政支农资金的管理、使用和监督检查的责任由市、县、区财政部门负责。省（自治区、直辖市）农口企事业单位要根据《企业财务规则》《事业财务规则》和《会计准则》等国家有关财政财务法规，建立和健全本部门、本单位的财务制度和会计制度，并报上级财政部门备案。同时，督促指导本部门、本单位下属企事业单位和市、县、区本行业各单位的财务制度和会计制度的制定和管理工作。有条件的单位要同上级财政部门一道推行会计委派制，从体制上保证财会人员依法履行财会监督职责，提高会计信息质量，为领导决策保驾护航。市、县、区财政部门也要按照上级财政部门的规定要求所属的企事业单位制定财务制度和会计制度。在目前财政、审计、监察、人大、中介机构等整体监督合力还远远没有发挥出来之前，财政部门自身的监督就显得尤其重要。各级财政部门应在财政支农资金的运行过程中担当监督重任，通过日常监管，发现带有普遍性和倾向性问题，促进体制机制的改革和完善。同时，转变工作方式，提升监管手段。适应信息化、网络化发展需要，对支农资金的基础信息进行及时整理并动态更新，使之处于常态监督之下。

为使支农资金达到预期的绩效，还应制订操作性强的绩效评价指标体系，完善村务公开与民主监督制度。每一项资金的投入，都有确定的政策目标，其绩效评价指标体系在各种项目可行性论证中应该已有体现。比如乡村公路的建设，建设时间、招标制度与流程、工程进度、材料标准等等，需要确立社会效益、财务效益等指标并进行细化。强化资金监管，从区到村，都应建立支农资金专项账户，从资金的下拨到使用过程，进行逐笔审计。对乡镇、村以实物形式投入的各项物资，也要分别建立台账，完善出入库手续，加强对实物的监管。对重点工程要实行预决算制度和施工监理制度，凡列入政府采购目录的应实施政府采购，符合招投标条件的应严格按程序运作，并加强对招投标背景的监管，防止串标或其他幕后交易的发生。对不符合招投标条件的项目，也要按照公开、公平的原则确定施工队伍。在普遍监管的基础上，选择重点项目追踪检查，及时发现问题并采取相应的处理措施。建立互相制约的部门追究制度，如国土、国资、建设、环保、审计等部门从不同角度对支农项目的审核与问责，对提供虚假申报材料套取政府资金者应记入诚信档案，给予当事人警告、罚款或在一定期限内禁止申报的资格。对不遵守法律法规造成重大损失或投资效益达不到预期目标者，追究行政或法律责任。各级地方政府应及时将编制并论证通过的新农村建设规划向相关村民和社会公众公布，为实施监督提供可靠依据。保障群众的知情权和参与权，既是保障农民权利、也是预防腐败发生的有效手段。对新农村建设的规划、大额资金的使用或某项具体项目的确定，都应由集体讨论决定，对各种建设项目的进展情况、施工形式、资金使用进度等，应通过村民代表会或其他适当的信息渠道向村民公开并接受监督。完善信访举报制度，为群众监督创造更多的有利条件。建立并完善财政内部监督、审计监督与社会舆论监督相结合的财政支农资金监管体系，加强财政支农资金监管的立法监督，使其早日进入法制轨道。借助社会中介力量，提高支农资金的监督效果。防止我国新农村建设中出现急功近利、资源浪费和各种随意行为的发生。

需要强调的是，若干年来，我国财政支农资金领域与其他诸多领域一样，缺的从来不是规章制度，而是规章制度的严格落实与违法违规行为的严厉处罚，致使许多很容易发现的贪污浪费等犯罪活动长期存在且视而不见，听而不闻。正是由于懒政思维与有关方面的不作为，才使得许多违法违规行为普遍化与常态化，这从本书第三部分“问题分析”中，一个村干部被抓，十几个村干部自首即可见一斑。在当前背景下，有必要坚持治乱世必用重典的原则，拿了壮士断腕的勇气，严厉打击一批新农村建设领域中的犯罪行为，并通过广泛的宣传来达到良好的震慑效果。再通过动态且普及的监管，为财政支农资金的安全运行创造一个必要的环境条件。

第二节　加强专业合作社与新农村培训建设

促进农民持续增收，培养推进发展的新型农民是社会主义新农村建设的重要目标之一，而加大农民专业合作社的扶持力度，加强对农民的培训是实现这一目标的重要手段。

一、加大农民专业合作社的扶持力度

农民专业合作社是在农村家庭承包经营基础上，同类农产品的生产经营者或同类农业生产经营服务的提供者、利用者，自愿联合、民主管理的互助性经济组织。[①] 构建与发展农民专业合作社，在我国新农村建设中，具有以下意义：一是有利于强化农民的市场地位，增加农民收入。面对变化多端的市场和越来越激烈的竞争，在家庭承包责任制下，农民以户为生产单位，经济实力有限，专业化水平低，信息不灵，完全依靠自身的力量闯市场存在诸多不利因素。近年来，各地农民因信息失误大量种植某些供过于求商品而造成重大损失的事件频频曝光，农产品卖难、农民增收困难成为社会各界尤其是地方政府普通关注的问题。国内外的实践证明，专业合作组织是解决这一问题的有效办法。它直接介入农产品生产、加工和流通的整个过程，较好地克服了家庭承包责任制中经营规模小、竞争力差等缺点。借助于合作社这个纽带，把众多农户组织起来，可以从事单个家庭不敢干或难以形成规模的经营活动，由合作社根据市场需求安排生产，代替农户参与市场，可以减少中间环节，节省交易费用，提高农民在商品买卖中的谈判地位、利益保护能力以及竞争能力，争取更有利于自己的成交条件，并因此而增加农民收入，拓宽致富渠道。二是有利于推动农村组织化进程，提高农民素质。农民专业合作社作为一个互助性组织，其主要业

---

① 资料来源：《中华人民共和国农民专业合作社法》，2006 年 10 月。

务是以成员为服务对象，提供生产资料的购买、农产品的销售、加工、运输、贮藏以及与农业生产经营有关的技术、信息服务。每一位社员均享有表决权、选举权与被选举权，参加社内活动、分享盈余。这对培养社员的民主管理意识、推动农村组织化进程具有显而易见的作用。农民通过加入合作社，开阔了视野，增强了在现代市场环境下生存和发展的能力，并促使他们自觉地适应市场，调整产品结构，并进而带动农业和农村经济结构的调整。过去，在分散的家庭承包责任制下，农民没有必要掌握现代企业管理理论，也不需要具备相应的管理知识。但是，专业合作社一经成立，其运作机制与现代企业并无二致，为增强凝聚力，促进合作社的可持续发展，合作社领导层需要联系政府、联系市场，指导社员有计划地安排生产、组织购销，实现统一的大市场与分散的农户有机地对接。这就迫使他们不得不在市场营销、分工协作、对外联络、科技推广等方面得到锻炼，也促使基层政府通过有效的培训方式，从土生土长的农民中培养出一批能胜任合作社管理的人才队伍，而这正是提高整个农村人口素质最见成效的途径之一。三是有利于促进农业分工，改善生产效率。任何一个专业合作社必将在某一方面体现出专业性，无论是种植合作社还是养殖合作社，无论是加工、运输合作社还是劳务、信息合作社，都将促使社员在该领域深入钻研，探索门路，形成自己独有的优势，促进生产效率的提高以及农业分工的深化。同时，专业合作社缩短了生产与技术、政府与农民之间的沟通距离，一方面更有条件采用先进技术与生产加工设备，有助于农业新技术成果的推广运用；另一方面便于政府开展各种有针对性的培训，为支持一些基础较好的合作社进行技术改造、体制创新和产业升级提供更具操作性的平台。而且，专业合作社的建立，还可创造一定的新增岗位，促使一部分农民从第一产业转移到二、三产业，为农村剩余劳动力开辟更有发展前景的出路。

针对我国专业合作社的发展现状，强化以下几个方面的工作可取得较好的效果：（1）加强组织领导，完善专业合作社管理体制。可考虑将农民专业合作社的发展纳入农村地方政府工作考核的重要内容，要求各地根据自身的情况及时制订农民专业合作社的发展规划和实施方案，明确一段时期内本地农民专业合作社的发展方向、目标和任务。同时，通过多种形式的宣传让农民了解专业合作社的重要意义、合作原则与参与办法，增强农民的合作意识。在深入调查研究的基础上，选择一批种植、养殖、加工等不同类型的合作社，通过重点扶植、规范运作，培养一批有示范作用的典型，增强对观望者的说服力与号召力。对于已经建立起来的农民专业合作社，应完善其内部管理体制，为其可持续发展创造组织条件。按现行法律规定，农民专业合作社实行会员制，设理事会、执行监事或监事会，社员入社自愿、退社自由。这种开放式的社员资格，虽然有利于吸引农户加入，但一旦市场有变，过多的退出难免会打乱合作社已有的经营计划，增加管理层的压力。因此，基层政府应协助合作社建立健全内部治理体系，对管理人员的选举与聘用、社员大会的召开、经营信息披露、风险监控等作出制度性安排，既要对相关人员形成有效的激励以推动合作社的发展壮大，也要避免可能出现的内部人控制、道德风险与逆向选择问题。(2) 注重专业合作社品牌建设，提高市场竞争能力。当价格和服务都不足以形成差异化时，品牌作为一种建立对外信誉的标识，具有独到的作用。好品牌可以形成强烈的信号识别功能，提供一种有保证的产品质量信息，降低了消费者的信息搜寻成本，从而培养一批对某一品牌有消费偏好的忠诚顾客，夯实产品的市场基础。对我国的农民专业合作社而言，要为自己的产品、服务或合作社本身创建出一个有持续市场竞争力的品牌来，需要采取一系列的策略并付出长期艰苦的努力。如改善经营管理，优化生产过程，提升产品或服务的标准化程度。尽可能降低经营成本，在保证质量的基础上有能力以较低的价格来拓展品牌的利润空间。同时强化品牌标记。统一商标、统一包装、统一价格、统一运销，并在合作社内部建立价格保护、风险调节机制。另外还需加强品牌推介。在合作社内部设立专门的部门或人员负责该项工作，从品牌申报、产品包装、广告宣传等，务求专业而有序。借助于展销会、博览会以及多种媒体的运用，提升品牌的知名度、认知度和美誉度。(3) 采取多种扶持手段，促进专业合作社健康发展。首先，在专业合作社的构建上，基层政府应提供积极主动的服务，尽可能简化某些审批环节，协调农业、财税、工商、民政等部门，最大限度地压缩设立的行政成本。利用农业产业化、农业综合开发、农产品基地建设、农村扶贫等项目扶持专业合作社的发展，努力把一些有条件的合作社培育成某一领域的龙头企业。借鉴意大利国有能源部门农业用油价格低于城市，农业用电价格比非农业用电低的作法，向农民专业合作社提供优惠的能源费用，以降低其经营成本。其次，针对农民专业合作社不同的资金需要，采取有区别的金融支持措施。对于大多数纯公共产品和部分外部性较强的准公共用品，如农村电力、公路、信息服务等，应由财政全额投资，以改善农民专业合作社的外部经营环境。对于农民专业合作社的教育培训、技术推广、畜牧业良种繁育、大型农机具购置等，可以考虑采用财政补贴的方式。对于农民专业合作社用于市场开拓、特色农产品开发、营销网络购建与市场推广等经营性资金需要，则主要以银行贷款的方式解决，必要时辅之以一定比例的财政贴息，通过还本付息的信用约束，形成农民专业合作社可持续发展的内源性机制。

二、抓好新农村建设培训工作

根据目前学术界的探讨，新农村建设的基本取向有二：一是农村本位，一是农民本位。并认为以塑造现代新农民为宗旨的是农民本位的农村建设，以农村发展、合作组织、协会等为宗旨的是农村本位。事实上，即使是农村本位，也必须以农民为主体和动力，新农村建设的根本目的和落脚点必须是农民自身的进步、发展和提高，因此，先进的农业生产力和高素质的农民在新农村建设中具有至高无上的重要性，加大我国新农村建设中对农民的全方位培训十分迫切。

一是完善培训内容与培训方式。根据农村、农业、农民生产、生活需要以及农村劳动力向城镇转移、外出打工的需要，筛选实用对路的种植业知识、养殖业知识、手工业知识、农机与农药的使用知识、农业综合开发知识、地理交通知识、建筑安全常识、素质礼仪知识等，使参加培训的农民真正有所收获。二是提高培训师资的质量。按照一定的标准对现有的培训师资进行全面考核，对不合格者根据情况或学习深造或解除聘用合同，同时规范培训机构对编外教师的聘用程序，保证其真正承担起提高农民素质教育和技能教育水平的责任。在培训方式上，要以就业为导向，围绕市场需求，开展与农民接受水平相适应且能提高其择业竞争能力的培训。加强与大企业、大公司的联系，开展针对性强、就业岗位有保障的定向培训、订单式培训。围绕农业现代化、产业化开展农村科技培训、创业培训，提高返乡农民从事农业生产经营的技能与自主创业的能力。对青年农民开展劳动预备制培训，适当延长培训期限，使其至少掌握一项职业技能，提高其就业适应能力。整合各类可供利用的培训资源，组成一个能满足不同培训需要、各具特色的新农村培训体系。充分利用广播、电视、互联网等远程教育渠道，或深入农村开展现场教学，以在农村从事农业生产的农民为培训对象，把农民需要的新技术、新品种、新信息及时转化为农民看得见、学得会、通俗易懂、生动形象的教学资源，提高农民科学种养水平和生产经营能力。

二是强化新农村培训监管机制，目前，我国新农村培训的主要出资人是各级涉农主管部门，按规定，每培训 1 人，培训机构可得到 500 ~ 800 元的补助。应该说这个标准与管理部门要求的培训目标和培训机构为此付出的人力、设施相比还是大体相当的。但是，由于缺乏科学、严密的市场准入评价机制以及相应的监督约束机制，新农村培训机构的资质认可、培训开班计划的审批、开班后的督查、培训资金的审核拨付等权力均集中在少数人手中，一旦管理失控，难免降低效率并为腐败的产生留下空间。2009 年，国家即已发现个别不良机构通过有偿搜集村民身份证，编造培训事实冒领培训费用的问题。因此，有必要按照严格的标准，核查现有培训机构的资格，取缔一批不合格或有不良记录的培训机构，净化培训市场。要求各培训机构认真制订并落实培训计划，从培训时间、地点到培训内容、师资以及培训对象、效果等，必须清楚、明了，实实在在；在培训资金的支付上，根据培训项目区别对待。如果是农村科技培训、创业培训、素质培训等，则在乡镇政府协助组织、监督下进行，按计划完成培训后获得拨款，并实行公示制度、台账管理制度。如果是以农民工转移为目的的技能培训，则实行严格的订单制度。培训机构必须先与用人单位签订培训就业订单。对准予参加的农民工可采取提前发放培训券的方式，并赋予其自主选择培训机构的权利。培训结束后，培训机构从受训者处取得培训券并学员登记表，按规定程序获得拨款。为避免培训券被低价转让或有偿收购，可考虑实行村委会担保或村民联保的形式。开展多种形式的检查、监督活动，除了明察，更需要暗访。明察固然重要，但容易给一些不规范的参与主体提供弄虚作假的机会，而暗访反倒有利于掌握真实的情况。一经发现问题，绝不姑息迁就。完善信访举报制度，借助于群众监督，确保新农村培训这一惠民工程真正成为提高农民民主化素质、缩小城乡差距的有效举措。

第三节　优化支农补贴措施，改善政策效果

在我国新农村建设的财政资金投入中，绝大多数是以各种补贴的方式出现的，尤其是粮食、农资、良种、农机 4 项补贴数额越来越大。补贴涉及千家万户与无数相关经营主体的实际利益，必须进行严格细致的管理，尤其是以下两个方面的管理。

一、及时调整粮食农资良种的补贴对象，优化补贴过程

一是补贴对象的确定。国家现行的粮食直补和农资综合补贴优惠政策，依据的是 2002 年农村税费改革时核定的计税土地面积。当时由于部分农民群众想少交或不交农业税，存在着瞒报、漏报农业税计税面积的情况，这些瞒报、漏报的耕地享受不了优惠政策。由于农村外出打工人数增多，一些家庭缺少劳动力，于是将自家土地转包给有能力耕种的农户。粮

食直补和农资综合补贴的初衷是鼓励农民种粮，补贴应该补给实际种地的农户。而实际操作的情况是，以 2002 年农村税费改革核实公示的土地面积为准，财政部门采用存折（一卡通）的形式，通过农村金融机构直接补贴到农户，谁的地谁领取补贴。而接受转包土地的农户不是土地的户主，虽然实际种粮却无法享受到补贴，这有悖于国家财政补贴政策的初衷。部分农户为追求经济效益，放弃种植粮食作物，改种经济作物，如烟叶、花卉、苗木、药材、蔬菜等。追求经济效益并没有错，但是不种粮食却领取种粮补贴，不能达到通过发放种粮补贴来稳定粮食种植面积的目的，也影响了种粮农户的积极性。虽然明确了土地归国家所有，土地管理职能由国土部门履行，但是耕地面积如何确定，实际耕种面积、种粮面积如何确认，耕地、耕种、种粮的面积增减变化又该如何确认，职能由哪个部门来履行却没有明确。实际上，在县以下，国土、统计、农业管理部门都掌管着耕地面积、耕种面积、种粮面积，多头管理导致数据信息交流不畅，口径不统一。另外新增开荒土地、复耕土地以及黑地也不在补贴之列。黑地即实际在耕种但没有在政府各管理部门备案登记的土地。黑地问题由来已久，其形成原因与农业税遗留问题的形成原因基本相似，都是为了少交或不交税费。针对上述问题，应该及时解决。对于瞒报、漏报耕地和黑地问题，建议国土部门协同乡镇政府核实，把核实的耕地纳入财政补贴范围。针对新增、复耕土地的现象，应该予以鼓励。目前政策规定由当地政府出资补贴新增土地，而乡镇政府受财力限制无法将新增土地纳入补贴范围。建议国土部门协同乡镇政府将核实的新增、复耕土地纳入财政补贴范围。同时，对粮食直补和农资综合补贴面积实行动态管理。国土部门根据各地耕地面积增减变动情况，确定增减财政补贴面积。新增耕地由国土、农业部门认定后经财政部门审核并张榜公示，纳入财政补贴范围，并且严格按照国土部门的征地文件核减补贴面积。对于复耕的土地，确定是否只是季节性临时复耕。对季节性复耕土地，可以不予财政补贴，对于因退耕还林验收不合格而退回的土地，应该按照退耕还林政策坚决退耕，返工达到合格标准可以享受退耕还林补贴政策。对于种植经济作物却领取种粮补贴的问题，建议对由种粮改种烟叶、花卉、苗木、药材的耕地停发补贴。对停发的补贴留给乡镇政府掌握，用于补贴种粮大户。但是，对改种蔬菜的耕地继续予以补贴。由于粮食农资良种补贴是国家政策，地方政府受财权和事权所限难免力不从心，建议国家明确政府部门职责：以国土部门确定各村耕地面积为准，农业部门确定种粮面积，村组确定种粮农户。统计部门的耕地面积、种粮面积数据应依照国土、农业部门来源为准，避免部门之间数据误差、信息混乱的现象。乡镇政府负责审核数据的准确性，乡镇财政所只负责粮食直补和农资综合补贴的发放。

二是补贴过程的优化。近年来，国家先后实施了一系列农业补贴项目，共计 4 项 9 大类 20 多种补贴。具体操作过程中是将所有财政补贴资金笼统地打入农户涉农存折中，各个项目划分不细，资金到位也不统一，什么项目发多少钱，什么时间发钱，群众搞不清楚。有的按月打卡，有的按季打卡，还有的按半年或一年打卡，这么多的项目，连经办人员可能都难以搞清楚，更何况留守在家的农民？上级主管部门没有对每个月要发放的资金提前安排，资金的分配发放往往集中在某一时间段，年底尤为突出，而乡镇财政所一般是收到银行的进账单才开始着手准备。每一项目、每一分钱的发放，财政所从基础资料的搜集，到编报发放清册，到张榜公布，到清册审核，最后打入涉农存折，程序多，工作量大。加上各种临时发放，直接加重了涉农会计的工作量，使部分资金发放滞后。审核难度大，落实惠农政策出现偏差。补贴资金的发放是相关涉农部门负责分配造册，财政部门根据他们上报的分户花名册发放。财政所是资金流出的最后关口，审核关当仁不让地落到了财政部门身上。由于资金发放时间紧、任务重，补贴资金又涵盖了如民政、农业、林业、畜牧、扶贫等多个部门，部分补贴项目涉及千家万户如综合直补、能繁母猪补贴、公益林、退耕还林补助等，财政干部政策水平不可能面面俱到。虽然多数地方采用了微机化管理，但入户造册数字真实性需要人员核实，资金发放入户花名册需要人员录入。目前乡镇财政所业务人员有限，想要把好审核录入关，于情于理都不符合。资金分配真实性财政所根本无法核实，容易造成管理上的混乱。补贴以一家一户为单位发放，每户补贴额度多为几十元、几百元不等，许多农民把补贴款只作为一笔意外之财，很少真正用于发展生产。虽然多数乡镇和行政村对财政补贴农民资金都进行了公示，但公示不及时、不到位。有的公示只是张贴在乡村公示栏上，没有深入到组、到户，成了走形式、走过场。有的甚至根本没有公示，导致群众对财政补贴农民资金发放不了解、不清楚，引起群众疑义。而且，税改后村级集体无收入，但仍然承担着一些公益事业的额外开支，如在农村实施的修路、架桥等基础设施建设中，不少项目需要人力财力，而上级又没有相关资金安排。这样村级难免要打各项财政补贴的主意，导致部分财政补贴资金被占用、挪用。因此，在粮食农资良种补贴过程的发放中，应该注重群众参与，健全分配机制。各村应吸收3～5个有责任心、能力强的群众代表，成立补贴资金监督小组且定期轮换，让农民自身全程参与各项财政补贴的分配发放工作。加大公示力度，健全公开机制。公示是保证阳光操作的必要前提。但公示必须全面、及时、到位。即资金流程、分配过程和发放过程要公示，什么时间发什么钱，什么项目多少钱也要公示。要做到资金分配后立即公示，经公示多少天，群众无疑义后方可打卡。要保证公示到村、到组，所有公示内容必须经村级财政补贴农民资金监督小组成员签字，广泛接受群众监督。粮食直补、综合补贴、良种补贴等都以计税面积或种植面积为基础，涉及所有农户，可以整合在9月或10月份进行一次性发放。增加经常性发放，减少临时性、突击性发放，既可减轻基层人员的工作量，也方便农民一次性取款。县（市）级涉农主管部门应该定期开展补贴资金专项检查，找准补贴资金发放过程中存在的主要问题，增强补贴资金发放的规范性、安全性、有效性，保证国家强农惠农政策不折不扣的落实。以乡镇为单位，对历年来发放的惠农补贴资金进行全面排查，良种补贴、农资综合补贴面积是否如实申报、种粮农户是否与申报信息一致。重点检查补贴面积核定、申报和补贴资金兑付情况。弄清各地是否按照粮食播种面积核定农户补贴面积？是否将补贴面积与种粮农户相对应？是否存在一人多次核定补贴面积现象？是否存在虚报农户、夸大补贴面积和多头申报等现象？是否将核定补贴面积在户、村、乡三级公示？乡镇财政所是否对补贴面积等数据进行事前审查？是否严格落实补贴资金专户管理、村级公示？“一卡通”发放是否存在乡、村干部克扣存折、代领补贴现象？是否存在补贴资金不直接兑付至农户存折，采取其他方式间接补贴的现象？等等。发现问题及时采取行政、法律或其他处理手段。

二、完善农机购置补贴方案，提升农业机械化水平

与粮食农资良种补贴不同，农机购置补贴不仅涉及农民，还涉及农机生产与销售企业。从整体看，现行购机补贴政策对提高农民购机积极性，拉动市场需求，促进农机工业发展，起到了推动作用，但仍存在以下问题：（1）对企业技术创新与产品升级换代没有起到支持作用。按照农业现代化和农机工业技术进步的要求，农机工业应“围绕大马力拖拉机、多功能收割机、高效节能大中型水泵、喷灌机等重大产品开发，加快产业升级和产品更新换代；围绕发动机、传动、电控、液压等核心部件研发，增强农机工业自主创新和核心竞争力”。但农机购置补贴政策在这方面并没有发挥很好的促进作用。由于国补目录条件的要求，企业开发的新产品一般当年进入不了目录，因此只能采取亏本销售的方式，不仅加大了企业的开发成本，还使企业创新能力受阻。按现行补贴政策，对小批生产的新产品没有补助，新产品要在市场销售一定量后才能申请上推荐目录得到补贴。如喂入量为 4kg/s 的大型轮式全喂入谷物联合收割机近两年累计销售数量不少于 50 台，150 马力(含)~250 马力的大马力拖拉机每个型号近两年累计销售数量不少于 20 台，这样严重制约了新产品的开发。如开发 180 马力拖拉机，销售价在 40 万元左右，企业自已要贴十几万元才能销出，要求销售 20 台，需要贴 240 万元左右，企业难以承受。因企业开发新产品需投入很多经费，小批生产的成本又相当高，造成目前我国农机产品结构性矛盾突出，开发创新能力差，产品种类不能适应农业结构调整需要。另外，在高端产品如对大马力拖拉机、大型联合收获机械、半喂入水稻联合收割机

等产品的补贴上，由于我国此类产品刚刚起步，产量和质量都不能满足市场需求，大量的中央和各级财政农机购置补贴资金补给了外资品牌，如以约翰迪尔等外资品牌为主的大型联合收获机和以日本久保田、洋马等外资品牌为主的半喂入水稻联合收割机。由于外资品牌很快占领市场，使得刚刚起步的国产品牌发展步履艰难，如果将这些资金用于扶持国产品牌的发展，还能促使外资品牌降价，使农民获得又好又便宜的产品。（2）补贴产品品种过多过杂，导致低水平产品产能过剩。目前，农机购置补贴政策涵盖了 12 大类 46 个小类 180 个品目。除此之外，各省可以根据本省实际需求，在 12 大类内，增加不超过 30 个品目的机具列入中央财政资金补贴范围。县级农机化主管部门不得随意缩小补贴机具种类范围，省域内年度补贴品目数量保持一致。补贴机具必须是已列入国家支持推广目录和省级支持推广目录的产品。为了争取补贴，企业只能想方设法让自己的产品上目录，由市场营销转向关系营销，企业要跑地方农机管理部门推介自己的产品，要跑地方财政部门去进行资金结算，都避不开跑政府、跑关系。跑关系、跑政策替代了跑市场和跑用户。企业为了争取到补贴指标跑关系，用户为了享受补贴跑关系。财政补贴的巨大诱惑导致农机企业数量急剧增加，低水平重复建设加剧，低端产品产能严重过剩。原本全国只有几家，一个地区只有一家的农机具企业，短短的几年间一下子冒出了几十家。这些企业靠仿制，靠购买零部件组装，靠低价倾销，通过与原有农机骨干企业争补贴、争市场。这不仅加剧了农机工业地区布局不合理的状况，还导致许多农机骨干企业疲于应付价格战，无精力更无财力开发现代农业急需的中高端产品。企业间低水平同质化恶性竞争加剧，行业结构更加散乱，既不利于市场调节，也没有起到优胜劣汰作用。（3）补贴指标集中下达且结算周期长，加大了企业生产经营压力。由于补贴的作用，市场形成了没有补贴指标不买农机的现象。补贴指标一经下达，市场供应紧张，一旦指标用完，市场立刻冷清下来，致使企业无法保持均衡生产。不少企业反映，没农机补贴时，月产销量最多相差 1 倍，有了补贴政策后，产销量差成倍增长，相差 3 ~5 倍是经常现象，差 7 ~8 倍甚至 10 倍以上的也不少见。许多企业完成上半年补贴任务后，下半年只能放长假或者裁员。这样为赶时间突击生产，难免影响产品质量、留下质量隐患。而且，下半年农机生产的大幅收缩必然会减少对上游产品的需求，上半年需求的集中释放，影响下半年经济增长，影响了行业的正常发展。同时，按照国家有关文件规定，农机购置补贴款至少每季度结算一次，但实际往往需要 4 ~6 个月。由于各地在兑付的过程中时间的执行力度不够，导致很多企业当年的补贴款到年底仍未到账，由于全年回款不到位，使企业财务费用大增，现金流难以保障，造成企业生产资金困难。由于补贴额度越大、补贴资金越多，占用企业（包括制造企业和流通企业）流动资金也越多，给企业的正常运营带来了很大影响，同时增加了企业融资成本。生产企业在国补资金不能及时到位，且自身资金有限的情况下，只能靠拖欠供应商货款维持，从而造成整个供应链资金的恶性循环。同时由于企业无法为来年订单获取预付款，加大了企业流动资金占用，也在一定程度上影响了企业销售。一般来说，很多农机生产企业都在年终订货，为了来年的定单和得到预付款，往往给予销售商一定的优惠政策，这样在淡季也有订货，更重要的是得到的预付款可以为企业实现稳定的现金流，这部分资金是生产准备的重要来源。现在购机补贴的执行办法改变了原来的销售渠道，销售补贴产品企业不能通过订货会的方式销售，也拿不到预付款，而且补贴资金的回笼又非常缓慢，严重影响了企业的现金流。

农机购置补贴是中央惠农政策的重要组成部分，与农业、农村、农民甚至农机行业的发展有着重要的关系。为进一步放大政策效应，针对其存在的问题，建议从以下几个方面予以完善：一是将行业准入资质列为入围购机补贴目录的基本条件。通过推进行业准入，对大中型拖拉机、联合收割（获）机、种植机械等农机重点行业的设定进入门槛，对落后产能产生挤压效应，实现优化行业结构，促进行业有序发展。自 2012 年起，农业部公布了新的农机购置补贴方案，不再规定具体生产企业和产品型号，以保障农民有更大的自主选择权。在实际推进过程中，应明确农机购置补贴机具只限定于具备行业准入资质的企业产品，特别要严格主机和大型作业机具生产企业的准入门槛。享受购机补贴的企业，要在产品销售的主要地区建有较为完善的售后服务网络。同时建立产品质量责任事故追查制度，并作为行业准入资质的重要考核依据。借以净化和规范市场，强制淘汰落后产能，促进农机工业组织结构的优化。二是本着突出重点和全面提升的原则，确定补贴范围。根据农业机械化发展进程，积极有效地提升农业产业化水平和农业机械化的科技含量，引导农业生产结构调整与农机工业的科技进步。抓住影响关键作物、关键环节、重点商品粮基地促进规模化发展等方面所需的重点产品进行补贴，逐步实现“政府为主导，市场为主体”的运行模式。补贴是政府行为，政府应根据农业、农机化发展的需求，制定补贴的产品目录，确定补贴的范围、补贴的程序，选择补贴产品生产企业等，充分体现国家意志。具体农机购置则按市场运作规则进行，促使企业之间的合理竞争。缩减购机补贴品目，对传统的中小型农机具不再补贴政策，向大中型拖拉机、联合收获机、重型高效整地机械、复式作业机具、大型植保机械、大型烘干设备以及用于发展精准农业、设施农业的装备等倾斜；建立新产品补贴制度，对高科技含量的农机产品，特别是“十二五”重点支持开发的农业装备、高效节能惠农工程的农机产品，可优先进入目录，不受进入购机补贴品目时间规定的限制，对市场饱和度较高的产品降低补助力度。同时，要求每年用于农机装备的科研开发资金，应达到购机补贴总额 2% 。把推进农机产品质量管理、安全技术要求和维修服务方面的规定，作为强制要求体现在相关法律文件中。对准入的农机生产企业、定点的农机销售与维修服务机构，实施免税的优惠政策。在鼓励企业技术创新的同时，逐步实现全面提升产品水平。三是科学改进购机补贴资金下拨时间与方式。把当年公布的机具补贴额一览表，改为提前在上年10 月底前公布，以充分发挥年终农机订货会主渠道的市场机制作用；坚持定额补贴的原则，农机购置补贴资金在参照自主生产的机具划定补贴范围的基础上，同一种类、同一档次农业机械在省域内实行统一的补贴标准；将补贴资金托管到银行或其他第三方金融机构进行具体操作，以降低行政成本。为缩短补贴款结算周期，减轻企业资金垫付压力，可逐步将中央财政补贴的第一批资金提前到上一年末拨付，使补贴资金兑付时间尽量提前。同时加强日常信用建设，减少结算环节，简化结算程序，为农机企业均衡生产创造条件。

第四节　注重特色农业与农村生态保护

我国新农村建设的首要任务和根本目标是全面繁荣农村经济，提高农民的生活水平和环境质量。针对不同地区的自然条件在农业发展上应该具有不同的目标选择。在大中城市周围，主要发展都市型农业与设施农业。在平原、丘陵或边远山区，在注重其传统优势特色农业开拓的同时，加强农村生态涵养区的建设或生态文明建设。

一、注重不同地区特色农业的发展

“都市型农业”（Agriculture in City Countryside）是20世纪50—60年代由美国的一些经济学家首先提出的概念，指都市圈中的农地作业，即靠近都市，在城乡边界模糊地区发展起来，可为都市居民提供优良农副产品和优美生态环境的高集约化、多功能的农业。其范围包括都市城市化地区与周边间隙地带的农业，不同于一般城郊型农业。都市型农业的生产、流通和消费、农业的空间布局和结构安排、农业与其他产业的关系等，必须首先服从城市的需要并为此服务。这种由城市需要决定农业的发展，体现了大都市对农业的依赖性，并进而实现相互依存、相互补充、相互促进的关系。不仅是经济功能的开发，还包括生态、社会等功能的开发，其生产经营方式明显地表现为高度的集约化。都市型农业可为城市居民提供新鲜、卫生、安全的农产品，农业作为绿色植物产业，是城市生态系统的组织部分，对保护自然生态、涵养水源、净化空气、改善人们生存环境具有重要的作用。通过农业活动提供市民与农民之间的社会交往机会，可以丰富双方的精神文化生活需要。而且，都市型农业具有“窗口农业”的作用，由于现代化程度较高，可以高科技农业园和农业教育园的形式，为城市居民进行农业知识教育，并提升其他类型农业的发展，目前已经得到了我国多个大中小城市的重视。发展都市型农业，根据不同城市以及周围农村的具体情况，可有选择地发展以下几种类型：一是观光休闲农业。如特色观光农艺园、农家乐、农业节会、乡村风情游等项目。开放成熟的果园、菜园、花圃等，让游客入内采果、拔菜、赏花，享受田园乐趣。以此促进特色农业旅游产品的开发，促进特色农产品向特色旅游产品的转化。二是精细蔬菜产业。以市民的消费偏好为导向，优化蔬菜产业布局和品种结构，实现生产基地规模化、生产流程规范化、产品标准化、服务社会化，提升产品价值。有条件的地方还可由农民提供农地，让市民参加耕作。体验农作，了解农民生活，享受乡土情趣。三是名优花卉产业。如鲜切花、中高档盆花、花卉种苗业和花卉物流业。四是健康水产业。在保证水产品质量的基础上，强化渔业观景、休闲、度假、垂钓功能。

严格说来，设施农业是都市型农业的一个有机组织部分，但由于其明确的生产流程而自成体系。设施农业是在不适宜生物生长发育的环境条件下，通过建立结构设施，在充分利用自然环境条件的基础上，人为地创造生物生长发育的生境条件，实现高产、高效的现代化农业生产方式。广义的设施农业包括利用农业工程手段，通过现代设施实现部分人工控制环境的种植业和养殖业。狭义的设施农业仅指设施种植业即植物的设施栽培，一般意义上的设施农业以狭义者居多。近年来，发达国家设施农业已向“工厂化农业”过渡。例如，荷兰的计算机自控连栋大型温室、以色列的半自动连栋塑料大棚，以及法国、日本等国家的封闭式循环流水鱼类养殖车间。设施农业的关键作用，就是能解决农业生产中若干必需的气候条件，包括光、温、水、气等在时间和空间匹配上的不理想，为作物生长提供适宜的生长环境，使其在最经济的生长空间内，获得最高的产量、品质和经济效益。实践证明，设施农业不但在改善我国农村产业结构、形成农民增收的长效机制方面具有独特的作用，而且以不断扩展的城镇化为依托，还有着广阔的市场发展空间。近年来，我国设施农业在促进农民增收方面的作用已得到很好的体现。特别是某些地方“百村万户一户一棚”援助型工程的实施，为村民尤其是低收入村民提供了一个很好的致富平台。据调查，设施花卉的平均亩效益约为 42000 元，设施果品的平均亩效益约为 9750 元，温室草莓的平均亩效益约为 22000 元，而大田作物的平均亩效益仅为 520 元左右。下一阶段，设施农业应继续成为我国城市郊区农村建设的重要内容，且从以下几个方面予以加强：（1）政策方面。各地应根据自己的实际情况，制定适合当地发展的设施农业产业政策，围绕设施农业生产的产前、产中、产后环节，汇集社会资金，为农户提供小额贷款等多种形式，扶持设施农业发展。注重投资渠道与经营模式的多元化。鉴于设施农业前期启动资金较大，继续完善市县财政、农村集体、银行、村民共同出资的多渠道投入机制，并根据不同情况调整出资比例。把外力帮扶与群众自筹挂钩，采取“以奖代补”“项目补助”等方式加大对农民投工投劳项目支持力度。引导厂商企业、外资企业投资设施农业，推进产业化进程。积极争取设施农业技术装备、生产机具进入政府补贴目录，加大对农户购买装备机具的补贴力度。设施建成后，注意引导农民采取多种形式经营。一是采取龙头企业和农户签订协议，实行“订单”农业。二是采取农民自己筹建、自己管理。三是村集体建设，然后出租，由村里收取租金。四是由村集体在外村租地建好设施提供或租给农民经营的方式，以解决失地农民的就业问题。（2）技术方面。充分利用各地农业高校和科研院所在人才、技术方面的优势，研究开发适合我国各地情况的温室（棚）结构及其配套设施，提高机械化作业水平。研究开发用于环境调控具有自主知识产权的各种设备装置及探测头，实现自动化、机械化和智能化生产。研究开发使用期更长的新型高透光、防老化、保温、流滴、防雾多功能多层复合农膜，降低农民生产成本。研究开发温室冬季生产节能技术、增温保温技术、太阳光热资源利用技术，强化农业生态环保意识、无公害绿色食品蔬菜生产意识，在设施生产中建立绿色蔬菜产品生产技术保障体制。加大对环境污染清理和控制装备、农产品冷藏保鲜设备的推广应用。注重设施农业标准化建设。明确各类农产品日光温室、大棚建设类型的具体标准。加强对设施园艺生产作业过程的监测和对设施养殖室（棚）环境建设的监督检查，加大对设施农产品的卫生质量监测，保证食品质量安全。搭建农业科研院所与设施农业基地的对口支援平台，扩大各地设施农业技术服务人员队伍，完善农村科技推广服务体系，根据不同农技人员的特长，对接生产基地，划分责任区，综合开展栽培、植保技术服务。（3）市场方面。打造特色农产品战略，完善农资配送服务，设立更切合各乡村实际的农资配送网点，确保农民不出村，就能买到优质优价的籽种、肥料等农用生产资料。建立农商、农企定期沟通机制，兴建地头批发市场，促进产销的流畅和衔接，解决农民的销售难题。开办设施农业电视专栏，及时为农户提供涉农政策、农资市场价格、病虫害防治等各类有效信息。注重发挥农民的主观能动性，通过典型示范，引导农民积极参与，发挥其在设施农业生产、经营、管理的主体作用，有效调动农民发展设施农业的积极性。尊重群众首创精神，引导鼓励村民为发展设施农业建言献策。通过召开村民代表会、群众意见征询会、疑难问题研讨会等形式，广泛听取村民关于发展设施农业的意见及建议。

二、加强农村生态建设，创造宜居的生存环境

生态建设是新农村建设的一个重要组成部分。它包括生态涵养发展区的建设与普及性的农村生态建设。根据权威部门的定义，生态涵养发展区是国家的生态屏障和水源保护地，是环境友好型产业基地，是保证国家可持续发展的支撑区域，也是人民群众休闲游憩的理想空间。目前，许多地方在制订新农村建设规则时，都划定了专门的生态涵养发展区。鉴于生态涵养发展区具有生态质量好、自然资源丰富，但产业发展空间相对较小的特点。新农村建设中，在保护生态涵养发展区特色的基础上推动其经济进步，立足生态资源，发展优势产业，是一个现实而必需的选择。因此，针对生态涵养发展区已有的基础，下一阶段，应该进一步完善涵养区生态补

偿制度，加强水源建设补偿制度，制定扶植涵养区发展的经济援助政策，建立“三农”发展的投入与分配机制和全面建立城乡接轨的各项保障制度。应该全额发放水库一级保护区群众生产生活困难补助、大中型水库移民后期扶持资金和山区泥石流易发区及生存条件恶劣地区农民搬迁资金。支持养山、养路、保水、保洁生态公益就业机制建设，落实山区生态林管护、粮食直补等各项资金，落实公益林生态效益补贴政策，加快推进集体林权制度改革。促进人口、资源、环境的协调发展。遵循“比较优势”和“市场需求”两大原则，通过全面提高农产品的质量和技术含量，从根本上促进农业增效、农民增收、农村发展。为山区农民转行增收，大力发展特色种植业、养殖业、旅游业、林果业等富民产业，引导山区农民由“靠山吃山”向“养山就业”转变。制定促进涵养区循环经济发展的政策，建立产业项目筛选评价指标体系，进行环境保护与资源利用的综合评价，严格限制不合指标的项目进入。以制度创新和技术创新为保障，推进资源综合利用。实施绿色畜牧养殖工程，提高生活垃圾处理率，提高再生资源比重。分层次、分阶段、分步骤地推进深山原始生态系统、浅山农村生态系统和城镇人工生态系统三个子系统的建设，并结合流域治理、矿区生态恢复等重点工程，继续建设生态屏障体系；以保护区域内各种河流和水库为重点，全面启动对河流、湖泊、水库、湿地等水源及流域的综合治理，防止地表植被破坏，防止水土流失，防止污水流入河道和水库。开发节水设施，提高水利用率，发展节水产业；通过植树造林加强山区生态建设，扩大生态林规模。加强空间管制，加大禁牧力度。保护野生动物，防止违规采伐和非法开矿，形成全面的生态林资源的安全保障体系。以农田林网为主要内容加强浅山区生态建设。更替过熟林带，培育新生林带，健全农田林网。以公共绿地为基本内容加强城镇生态建设。继续以公园大型绿地为主体，以街道绿化为骨架，以单位庭院和居住小区为基础，植树种草，增加绿地，美化环境。积极推进生态涵养区农田节水灌溉，建设循环水务村及开展雨洪利用工程。提高垃圾、污水处理能力，促进沟域经济、生态旅游业加快发展，增强生态涵养区可持续发展能力。

在普及性的农村生态建设中，必须坚持把经济社会发展与生态环境保护建设有机地结合起来，做到既不为发展而牺牲环境，也不为单纯保护环境而放弃发展。遵循自然规律合理开发，创建宜居的生态环境和生活质量，实现资源的有序高效利用。必须坚持规划先行，增强规划实施的严肃性，把生态建设贯穿于新农村发展的过程中。积极培育生态农业和生态旅游业，推动农村经济发展向生态亲和型转变，增长方式向资源节约、生态环保型转变。大力发展农业产业化经营，建立健全清洁农业体系，即无公害农业体系、绿色生态农业体系、有机农业体系。推广农村环保适用技术，加强农民环保教育，指导农民合理使用农药化肥，积极采用生物防治技术，大力推广使用高效低毒低残农药、生物农药和有机肥，努力减少农业农村的化学污染。注重环保基础设施的投入，大力推行清洁生产和节能减排，采用先进适用技术并积极探索发展循环经济。为了实现环境公平，各地政府应该通过制定有利于农村环境保护的经济政策，设立农村环境保护专项基金和农村环境资源的生态补偿机制，推进农村的环境建设。要解决农村环境中的突出问题，从当前比较普遍的情况看，重点是生活污水、生活垃圾和农村种养殖业的面源污染问题。要因地制宜、有计划地推进农村生活污水处理池建设和雨污分离工作。在普及当前村集、镇运、县处理的保洁机制前提下，有计划地推进垃圾源头分类处理和有机垃圾就地消化的工作，想方设法地实施垃圾减量化工程。科学规划种、养殖业，完善配套。以美丽乡村建设为载体，加强农村环境综合治理。要特别重视农村基层组织建设在生态建设中的重要位置。农村生态最后的落脚点在农村，帮助农村干部转变观念、理清思路，是农村生态建设落到实处的核心。要强化文化保障机制。用文化的理念做好生态县建设的宣传教育工作，加大宣传力度，倡导生态意识，弘扬生态文化。形成保护环境、人人有责的公众参与机制，引导人们生产、生活、消费意识的转变。严格执行环境保护和资源管理的法律法规，严厉打击破坏生态环境的违法犯罪行为。完善农村土地制度。推动农村土地流转改革，建立农村土地承包经营权流转平台，完善流转合同签订和登记备案制度，做好土地确权、土地整治、集体建设用地流转、征地补偿政策完善等工作，规范流转行为，实现农村土地集约化经营。

第五节　健全金融支农体系，多渠道拓展资金来源

我国农业虽然在经济总量中比重呈逐渐下降趋势，但它在生产、生活和生态功能上对整个经济的发展有着十分重要的作用，新农村建设完全依靠政府投入既不现实也不可能。据测算，我国农村资金需求主要来源于以下四个方面：以现代农业为基础的新产业发展、用于改善农村生产生活条件的基础设施建设、农民就业创业资金和传统农业生产和农民生活资金，现有的资金供应远远不足满足需求，还有很大的资金缺口有待填补。健全金融体系，拓展支农资金来源无疑是一个积极可行的选择。

一、给新型农村金融机构创造更好的经营环境

（一）给我国村镇银行创造更好的经营环境

目前，村镇银行已在我国很多地区开始营运，对健全农村金融体系，加快我国农村经济发展具有不可低估的作用。为了使这一新型金融机构能够在激烈的市场竞争中站稳脚跟，一方面，管理部门应该给予更多的业务指导和政策优惠，鼓励村镇银行以县城或附近区域为经营地址，吸收县域范围的资金流入，满足我国农村资金需求，并在经营起步后拥有更大的发展空间。鼓励有实力、熟悉当地人文经济环境和社会信用情况的企业和个人入股，夯实金融业务基础。对村镇银行发放农业贷款和小额贷款给予一定比例的风险补偿或资金奖励，以发挥财政资金的杠杆作用，调动村镇银行增加农村地区信贷投入的积极性。根据村镇银行支农信贷投放情况，减免营业税、所得税及其他相关税费。降低村镇银行的法定存款准备金比例，提高可用支农资金额度。增加支农再贷款额度并延长再贷款期限，实

行有差别的优惠利率，更好地发挥支农再贷款作用，提高使用效率。另一方面，为防止村镇银行可能出现的风险，监管部门应采取有针对性的措施，建立现场与非现场监管制度，密切跟踪村镇银行的经营管理情况和风险状况，督促其完善法人治理结构，健全内部控制程序，依法合规经营，纠正偏离服务“三农”宗旨和超业务范围经营以及超比例发放大额贷款等问题，确保资金真正留在农村，更好地支持新农村建设。要求村镇银行应建立审慎、规范的资产分类制度和资本补充、约束制度，准确划分资产质量，充分计提呆账准备，及时冲销坏账，确保资本充足率在任何时点不低于8%，资产损失准备充足率不低于100%。

（二）协助小额贷款公司逐步扩大业务影响

根据《小额贷款公司试点实施办法》规定，小额贷款公司，是指由自然人、企业法人或其他社会组织依法设立，不吸收公众存款、经营小额贷款业务的有限责任公司或股份有限公司。主要面向我国的农业和中小企业发放贷款，其优点是最快3天至1周就能拿到资金。按要求，小额贷款公司应坚持小额、分散的原则，着力扩大客户数量和服务面，每年向“三农”发放的贷款额不得低于全年累计放贷金额的70%。为有效配置金融资源，对同一借款人的贷款余额不得超过小额贷款公司资本净额的3%。尽管小额贷款公司不允许向公众吸收存款，但可从不超过两个银行业金融机构融入其资本净额50%及以下的资金，这一方面限制了小额贷款公司因经营风险而对社会可能产生的影响，另一方面也为其他金融机构通过批发贷款的方式间接服务我国农村疏通了渠道。当然，要使小额贷款公司不断发展壮大，还有许多必须面对并解决的难题。长期以来，农村小额信贷大都有“少、快、急”的特点，通常几千甚至几百元就可解燃眉之急，在这种情况下，很少有人会想从银行贷款，即使需要弥补几万元的生产资金缺口，也习惯性地倾向于选择民间借贷。由于农民收入来源不稳定，对到期还款信心不足，担心因延期而产生额外的利息负担，这也从另一方面限制了其申请贷款的意愿。显然，如何在控制风险的情况下培育有效的金融需求主体，还需要小额贷款公司作一些创新性的探索。加强农村金融知识宣传，建立小额贷款风险与激励机制，在严格落实新增贷款责任追究制的同时，辅之以有吸引力的奖励政策，鼓励信贷人员主动与农民联系，积极推行上门入户现场发放贷款制和柜台直接办理制，克服信贷人员为减少责任和损失，宁可少放或不放贷款的现象。

二、建立农村金融政策扶持的长效机制

我国现代农村金融体系的健全，没有政府的推动是不可能完成的。不管是商业性金融、政策性金融，或者是合作性金融，都离不开政府与相关部门的努力。对于商业性金融机构，政府需要通过减税、费用补贴等政策，引导其回归农村市场，鼓励其开发适合农户和农村中小企业的微型金融服务产品。政策性金融机构本身就是由政府发起，贯彻和配合实施国家对农业的扶持和保护政策。实现农村土地资产的资本化和融资功能，让农民在自己的土地上富裕起来，迫切需要政府进行政策创新，完善农村相关资产的登记、颁证、抵押等法律和制度建设。以农村资金互助社为代表的合作金融机构一般是自发形成的，从其萌芽、发展到注册成为正规金融机构，都需要农村集体管理部门的支持。因此，相关管理部门应加强财税政策与农村金融政策的有效衔接，建立合理的金融机构支农绩效评价机制，从涉农贷款余额、增量以及支农金融业务品种等方面考察，作为其获得政策扶持的依据。规范政策投融资平台的管理和运作，充分发挥其资金集聚和风险熨平作用。落实和完善涉农贷款优惠、定向费用补贴、增量奖励政策，引导更多信贷资金投向三农领域。建立银政互动机制，联手加大不良贷款的催收和金融案件的审判执行力度，不断完善社会中介服务功能。建立农村金融发展政策性补助基金，用于化解可能出现的潜在风险。

三、优化我国农村金融服务网络布局

中国农业发展银行、国家开发银行的各地分支机构需明确定位，突出

传统政策性金融业务的优势。各商业银行应稳固已有的业务范围，不断丰富农村金融产品。新型农村金融组织应及时补位，突出小、快、灵的特点。推广农户小额信用贷款和农户联保贷款，探索以订单和保单为载体的金融工具，探索中小型涉农企业集合债券发行的管理办法。金融管理部门要通过政策引导银行业机构履行社会责任，科学制订网点建设和经营管理计划，调整市场准入政策，鼓励商业银行到农村地区新设营业机构，鼓励新增营业网点尽量设置到郊区乡镇和人口较多的村庄。利用农业投资公司、农业担保公司、农业产业投资基金等农业投融资平台，积极协助相关部门制定金融支农意见，引导更多信贷资金投向我国“三农”领域。支持农村金融改革试验区建设，扩大政策性农业保险覆盖面。建立更加完善的农村信用制度和评价体系。继续推进“三信”工程建设，建立覆盖面更广的农村信用信息基础数据库，扩大信息采集范围，吸纳工商税务和司法系统向该数据库申报借款人信用信息，引导金融机构建立、健全农户、农民合作社和涉农企业的电子信用档案，优化和规范信用评级体系，推动建立农村信用信息共享机制。不断改善和创新农村金融服务方式，通过设立农村金融服务信息员、代办员等方式，使所有农民都能享受到基础金融服务。

第六节　推动农村产业升级，完善乡村治理机制

若干年以来，我国新农村建设资金投向的重点除对农业生产、农民生活的各种扶助外，主要是农村交通、水利、通讯等基础设施的建设。经过多年的努力，在多数地方的农村已经达到了一个相对稳定的水平。继续在这些领域投入，只能是效率递减或资源浪费。下一阶段，新农村建设的目标必须转变到提升其产业功能、促进农民本地就业上来，大力推进小城镇建设与乡镇企业的发展、完善乡村治理机制就成为一项极具现实意义的选择。

一、加大小城镇建设的投入力度

小城镇建设是小城镇各种要素的创立或组合以及一定区域内小城镇体系的设置、改造和发展的过程。立足于我国的国情和现有的城乡二元结构，小城镇建设的内涵是通过统筹城乡发展，加大公共财政对农村的覆盖，增加农村教育、卫生、交通、水利、环境等公共产品供给，实现农村地区的可持续发展。世界各国的经验表明，工业化和城市化是一个相互影响、相互推动的发展过程。新中国成立后的若干年，政府主动采取了以牺牲农村、农业促进城市、工业发展的政策，造成了巨大的工农差距、城乡差距、收入差距，形成了城乡二元化结构。1979 年改革开放以来，小城镇得到了迅速的恢复和发展。20 世纪 80 年代小城镇数量增加，规模扩大，社会功能趋于完善，对周围社区的辐射力、吸引力和综合服务能力显著提高。小城镇位于农村之首、城市之尾，与农村经济有着千丝万缕的联系，是实现农业现代化的重要支撑点，又与大中城市关系密切，是大中城市进一步发展的基础和后盾。

提高城镇化水平是事关农村经济社会发展方向的一个重大问题。按照经济发展规律，城镇的集聚效应可以使生产效益成倍提高。城镇化每提高 1 个百分点，可以拉动 GDP 增长 2 个百分点。如何推进城镇化进程，理论界有两种观点。一种是以大城市为核心辐射带动周边若干城镇所形成的城市群（或叫城镇圈、城市带）的发展模式；另一种是控制大城市，积极推进中小城市和小城镇的发展模式。目前，国家已明确选择第二种模式，与第一种模式相比，它具有投资少、劳动力价格便宜等优点，更适合中国国情，有助于帮助农民本地就业，减少农民背井离乡的不便，形成安居乐业的生活氛围。改革开放来，农村劳动力大量向外输出。经过多年的历程，这部分外出人员积累了一定的资本，拥有了一定的技术和管理经验，返乡创业的热情逐步高涨。一部分年纪较大的人还有回乡养老的意愿和积蓄，为小城镇养老业的发展创造了需求。城镇的集聚效应能够推动二、三产业发展，从而可源源不断地吸收从农业生产释放出来的剩余劳动力。由于大中城市进城门槛高、城市容量有限，相比较而言，小城镇数量多，分布广，距离农村近，可以兼顾一、二、三产业，就业和定居成本低，必将成为农村人口转移的最佳选择地。一方面，可直接吸纳农民转换身份，从事附加值较高的二、三产业生产，成为农村富余劳动力的蓄水池；另一方面，伴随着小城镇基础设施、住宅、环保等建设，投资需求也会随之增长，有一部分转化为农民工资报酬性收入，直接增加农民的劳务收入。农民进入小城镇后，受城市理念的影响，他们的生活方式、消费观念会随之发生变化，他们会追求现代文明、卫生保健的新生活。从家用电器、室内装修，到文化教育、健康投资等等，消费水平将明显提升。农民进城建房或购房定居，将有力地带动相关产业发展和投资需求的扩大。一部分加入小集镇的农民，为了子女教育、养老等原因在城镇建房、购房定居，将为房地产业、文化产业、教育业起到一定的拉动作用。据新华网报道，重庆市加速城镇化建设，一些县区出现了农民购房热。有的区市新增商品房的50%被农民购买，部分县城新增高档楼房50%或者70%被农民工购买。小城镇基础设施的建设和完善，可以大大改善农村地区的消费环境，把农民的潜在购买力转变为现实的需求。

目前，多个地方在小城镇建设中，都或多或少地面临投入不足的问题。小城镇建设资金的主要来源是民间投资，缺乏财政性资金投入的保证，也没有形成多元化投资的格局。许多小城镇在供水、供电、道路、绿化、卫生、教育、文化娱乐等设施建设方面标准偏低，有些项目甚至还是空白。导致小城镇的功能不完善、不健全，就业门路狭窄，缺少对镇外企业和农村剩余劳动力的吸引力和凝聚力，对农村经济的辐射带动作用不强。不少小城镇没有建设管理机构，处于无人具体管、具体抓的状况。有的小城镇虽然成立了机构，但由于无编制、缺经费，致使管理人员工作积极性不高。许多小城镇边规划、边开发，处于盲目建设的状态，尤其是模仿大中城市的建筑风格，千篇一律、缺乏特色。导致小城镇缺少个性差异，不利于其树立形象品牌，提升小城镇的核心竞争力。要改变这一现象，必须突出特色，准确进行小城镇定位。形成比较优势，实施差别化竞争战略。以鲜活的城镇特色，形成“名镇效应”，带动农村经济社会发展，反过来又推动城镇规模的扩张。可以着力发展以下几类具有特色的小城镇：（1）工业主导型小城镇。把小城镇建设与企业二次创业紧密结合起来，根据区域市场、资源特点，合理调整产业结构和产业布局，引导企业集中连片发展。（2）旅游服务型小城镇。旅游资源丰富的乡镇要搞好景区生态环境建设，完善服务设施，全面提高风景名胜区的硬件设施水平和服务接待水平。（3）流通商贸型小城镇。在抓好市场硬件设施建设的同时，以最优惠的政策、最便捷的服务、最宽松的经营环境，吸引周边的客商前来经商兴业。（4）特色产业型小城镇。依托当地资源，建设特色产业基地，在扩大规模的基础上，逐步形成集种植、加工、包装、销售于一体的产业镇。应该把小城镇的发展纳入各级政府制订的本地经济和社会发展总体规划之中，形成城镇体系规划，确定小城镇发展的布局、规模和要求，以及推进城镇化的主要措施和政策导向。小城镇的选址要与国家的宏观产业政策、导向政策、交通、通讯大动脉相联系。满足农业产业化的要求，使小城镇成为农业生产、加工、流通、服务的载体。将市场一体化要求与本地经济特点相结合，将小城镇规划建设融入分工明确、布局合理、与附近大中城市建设相结合的城镇化体系格局，利用大市场形成强有力的经济增长点。小城镇的风貌一定要体现综合经济实力和居民群体凝聚力，使本地的文化历史传统得到继承和发扬。城镇总体规划、村庄和集镇规划以及土地利用规划应该互相衔接，并因地制宜制定对接市场的产业发展规划。规划要覆盖到乡镇、村，坚持小城镇及乡村建设与山、水、田、林、路的合理布局，坚持区域设施的共建共享，坚持产业的集约发展。规划好小城镇交通、通信、能源、教育、科技、文化、卫生、消防、供水、排污、垃圾处理等公共设施和社会公益设施建设，实现城乡一体化发展。结合建设发展需要及时做好重点地段、主要街道、居住小区和产业园区、公用公益设施、园林绿化的建设规划。规划编制、审批和调整要实行群众参与、民主决策，专家领衔、科学决策。规划一经批准，任何单位和个人不得随意变更，确需变更的，必须经过法定程序。

新农村建设的财政资金中，可以逐步或部分向小城镇倾斜，在注重抓好水、电、路及通讯、市场等基础设施建设的同时，增加与农民利益有密切联系的、有巨大消费空间的项目，以此吸纳民间投资与吸引外部资金。土地依法依规出让形成的收入，可以作为国有资本金投入或入股，组建投资主体多元化的小城镇建设投资公司。同时，营运市政设施，实现滚动开发。把公共房产及道路、桥梁、公路灯杆等市政设施的使用权和经营权推向市场，或卖或租。把城镇空间、户外广告标牌经营权、交通线路营运权、道路和其他设施的冠名权等，通过转让、拍卖、租赁等形式推向市场，使无形资产变成有形资产。提高小城镇供水、排水、环卫、燃气等行业的运营效率和服务质量。放宽小城镇基础设施有偿使用和有偿服务范围，逐步形成投资、经营、回收的良性循环机制。小城镇的正常运转和发展壮大，需要健全有力的管理机制。配备专职人员，保障办公经费。按照“小机构，大服务”的方向，县直部门下放的机构和人员要与小城镇经济管理和技术服务部门逐步融为一体，转变为多种形式的经济实体和服务实体，为小城镇居民服务，为企业服务，以及采取产业化等形式为广大农民走向市场服务。要集中力量进行公共行政管理。属于中介服务组织职责范围内的事务，应由中介服务组织承担。政府重点抓好城镇规划编制及监督实施、公益性基础设施建设、环境保护、计划生育、社会治安和精神文明建设等政府职能管理工作，为小城镇的发展创造有利条件。

二、推动乡镇企业的发展

要实现农民在自己土地上富起来的城市化，没有一大批稳健持续经营的乡镇企业是不可能的。据统计，我国乡镇企业增加值每增加 1 个百分点就能新提供 2000 多个非农就业岗位。因此，有必要通过一系列行之有效的措施，加快乡镇企业的发展。在小城镇建设的基础上，大力发展乡镇工业小区和村级工业园区。以小区、园区为载体，加大招商引资力度，以优质服务、优良环境和优惠的政策吸引新的生产要素，通过政策引导，鼓励符合环保要求，能够利用农村资源、促进就业的项目落地，给由市区搬迁至郊区或在郊区建厂的企业在财政、金融和税收等方面一定的优惠。大力发展具有资源优势的原材料、能源工业，以及农副产品加工、支农、出口创汇和为城市工业加工配套的工业。对那些物耗能耗低、技术起点高、有发展前途的高科技产品以及附加值高、经济效益好的新产品要给予重点支持。加强对我国乡镇企业技术进步的考核，把技术装备水平、产品的档次和质量、技术改造、职工整体素质、科技人员比例、科技进步对经济增长的贡献、管理水平以及经济效益等指标作为企业经营的考核对象，提高我国乡镇企业技术吸收和开发应用科技成果的能力。继续深化“彩虹工程”，大力推进各地乡镇企业与高校、科研院所的合作，促进科研成果向现实生产力的转化，增强可持续发展后劲。在引进高新技术和高附加值产品的同时，注重发展一批适合本地特点的劳动密集型项目和企业，在谈判引进条件时，要把土地的转让使用与农民就业结合起来，尽可能为农民开辟新的就业空间。扶持农业产业化龙头企业和农副产品深加工企业，充分发挥龙头企业对农户的辐射带动作用。出台农村企业用工制度，解决好允许外地民工合理有序流动和本地农民充分就业之间的矛盾。各地乡镇企业行政主管部门和当地劳动、财政等部门应积极沟通协调、达成共识，在政策扶持、机构设置、资金支持、人员配置和业务指导等方面相互配合和支持。农村富余劳动力是农村的弱势群体，如果没有政府在政策上进行引导和扶持，帮扶他们解决就业增收问题是很难实现的。因此，应把吸纳本地农民就业作为企业享受各项优惠政策的基本条件之一。由政府搭台，架起乡镇企业用人单位和农村富余劳动力沟通的桥梁，加强企业用工的监督、管理和服务。在发展我国工业型乡镇企业的同时，进一步拓展旅游业和商业服务业的辐射影响。制定促进乡村旅游产业发展的意见，推进乡村旅游与都市旅游在接待机构、市场、服务产品、旅游商品等方面的对接，支持民俗旅游村参与政府采购活动。充分挖掘我国旅游资源潜力，丰富旅游活动内容，从环境、卫生、投诉、安全、硬件和服务水平等方面对现有的民俗旅游村、民俗旅游户进行考核，严格执行准入和退出的流动性竞争机制，提升乡村游规模和品质。继续推进各地农产品物流交易中心建设，完善鲜活农产品冷链物流体系，支持大型涉农企业在郊区投资建设农产品物流设施，提高农产品的仓储能力、中转能力和配送能力，把优质、安全的农产品通过连锁超市和餐饮等多条渠道向社会推广。积极引导农民发展为城镇服务的商业、饮食服务业，拓宽创利增收的渠道。

三、通过民主管理促进乡村治理机制的完善

新农村建设的总体目标是："生产发展、生活宽裕、乡风文明、村容整洁、管理民主。"经过多年的努力，许多地方在生产发展、生活宽裕、村容整洁方面都取得了不同程度的进步，但在乡风文明、管理民主方面还存在很大的问题。

在整个社会大环境不尽如人意的背景下，首先，农村教育情况堪忧。大量农民工外出打工，留守儿童不但得不到父母的天伦关爱，在教育条件方面也大受限制。农村与城市的教育资源配置差别较大，农村学生不得不输在起跑线上，近年北大、清华等高校农村生源持续低迷就是典型的反映。农村孩子能读重点大学的仍是少数。很多孩子好不容易考上大学，但高昂的学费成了家里难以承受的负担。就算咬牙上了大学，毕业了还是很难找到好工作，产出率太低。在依靠关系方面天然弱势，就业非常困难。"毕业即失业"给农村学生和家长带来了很多负面影响。一些高中毕业生外出打工，在私营企业每个月也能挣到两三千元，促使许多农村学生放弃高考。一边是大学生就业难，一边是不上大学打工收入也不错，让高考作为农村孩子上升渠道的优势地位被弱化。其次，农村养老问题突出。从物质赡养上讲，过去家庭矛盾多是吃饭穿衣问题，现在已经很少有子女没能力给老人提供基本的物质保障，但大多数停留在低水平的保障上。特别是留守老人，不但得不到子女的生活照顾，有的还得承担看守孙辈的责任。子女大多是逢年过节回家看看，相互之间的交流越来越少。农村村落成为

以自我为中心的、独立的社会隔离种群，很少有适合养老的活动和场所。道德舆论解体，家庭内部的婆媳关系、子代家庭与父代家庭的权利义务关系被严重错置，各种传统关系在经济利益面前不堪一击。一些与子女关系紧张的老人产生了厌世情绪，多起农村老人的自杀引起了社会广泛关注。再次，农村贫富分化严重。据估计，当前中国农村家庭的收入差距达到10倍以上，基尼系数为0.39349，逼近联合国的警戒线0.4。并引发了一系列深远的社会后果。本来，适当的贫富分化是激励底层群体追求财富的动力，“让一部分人先富起来”也是一条改革的指导方针。在一个信息能迅速传播、大家彼此知根知底的熟人社会中，当前的贫富分化对农村社会产生了强烈的冲击，并以更严峻的形势表现了出来。在发达的农村地区，村庄的富人一掷千金，一次婚宴可以花费几十万元。他们不仅在日常生活中主导村庄，而且有的还介入村委会和村党支部选举中，成为新的政治精英。与之相对应的是，另一部分农村人口却因个人能力、机遇等方面的原因而在生活上只能保持基本温饱，甚至需要依赖国家的低保和各种救济政策才能生存，感受到前所未有的无助与紧张。尤其是市场经济较为深入的近20年，农村真正发生了一场“千年未有之大变局”。原有的家族权威结构在市场经济中被彻底解构，传统的地方习俗和礼仪逐渐消退，村社内的地方性节庆和公共生活消失。不仅如此，在获得货币收入的巨大压力下，拜金主义的价值观不断渗透到农村地区，消解着原有的农村价值基础。当利益和金钱成为主导农村的价值原则时，农村社会整合的难度加大，其作为整个中国现代化“稳定器”和“蓄水池”的作用也将不复存在。第四，农村基层民主异化。多地媒体报道，农村干部选举贿赂成风，更有甚者堵在选举人家门口，一手拿着钞票，一群打手拿着棍棒，要么收钱选我，要么棍棒相加。可想而知，这样的人选上去，不可能真心实意为百姓办事，一些地方的农村干部由有黑社会背景的人把持。时间长了，必然激化社会矛盾。有部分农民虽然经济条件比过去明显改善，但幸福指数却在下降，甚至不如过去，有的还怀念当年农村集体公社的生活。

新农村建设不只是经济建设，而应该是经济建设、文化建设、政治建设和社会建设四位一体的完整体系。不管是农业增产、农民增收，还是劳动力技能培训、保障农民工合法权益，事实上都属于以农民个体为本位而不是以农村社会为本位的乡村建设，目前需要强化的正是这一领域。如何在人际离散的乡村，以农村传统的组织资源、民间社会资本和各类地方性文化为依托，增强农村的社会共同体意识，培育农民个体之间的互助和公共观念，将是下一阶段更具挑战性的任务。政府应在尊重农民自身要求和农村社区需要的基础上，通过社区事务的带动和社区成员的参与互动，有机地培育社区合作团体，重现农村的蓬勃气象。让农民对社区产生认同感和凝聚力。可提供一定的经费，在村一级建立老年协会、妇女协会等组织，村庄内的老人或妇女群体经常在一起活动，形成一个关系紧密的人际圈，鼓励村民的合作行为。支持农民组织发挥在乡村治理中的作用，与农民组织共同解决和处理乡村的某些社会矛盾和问题，降低乡村社会风险，减少社会冲突。加大民俗文化资源的保护和开发，有意识地弘扬民俗文化，推动现代农村社区的建设与发展。在舆论主导方面，对财富创造者的鼓吹、对经济发展的强烈呼唤，应让位于对社会真善美的关注，以培育宝贵的现代社会精神和正当的财富伦理。

主要参考文献

[1]国家统计局农村社会经济调查司．中国农村统计年鉴(2007—2016年)[M]．北京:中国统计出版社．

[2]新华社．中纪委曝光9起扶贫领域腐败案例[N]．北京晨报,2016-11-08.

[3]朱海滔．零容忍蝇贪震慑扶贫贪腐[N]．北京晨报,2016-02-25.

[4]邹乐．村干部去年查处776人[N]．北京晨报,2016-01-10.

[5]何欣．涉农扶贫官员易抱团腐败[N]．北京晨报,2015-07-22.

[6]新华社．涉农资金成贪腐高发区 近一年涉案金额20多亿[N]．京华时报,2014-10-20.

[7]新华社．78家农企成处长"提款机"[N]．北京晨报,2014-10-20.

[8]杨涛．水利项目成豆腐渣拷问验收程序[N]．北京晨报,2014-10-15.

[9]新华社．九江水利系统曝腐败窝案[N]．北京晨报,2014-09-24.

[10]新华社．要想拿低保 先把礼送到[N]．北京晨报,2014-03-21.

[11]赵锐．扶贫专干缘何走上贪腐路？[EB/OL]．宁夏新闻网,2014-09-22.

[12]范士达．意大利农业逆势增长[EB/OL]．新华网,2013-05-14.

[13]中国人民银行．中国农村金融服务报告(2014)[M]．北京:中国金融出版社,2015.

[14]中国人民银行. 中国农村金融服务报告(2012)[M]. 北京:中国金融出版社,2013.

[15]九鼎. 关于对小城镇建设的现状、问题和对策[EB/OL]. 华东农业网,2011-10-31.

[16]田先红. 乡村治理转型与基层信访治理困境[J]. 古今农业,2011(3).

[17]王建生. 加拿大的农技推广和农村金融制度[EB/OL]. 中国农经信息网,2011-02-26.

[18]财政部,国家税务总局. 关于农村金融有关税收政策的通知. 财税〔2010〕4 号文件.

[19]中国银监会. 关于做好《新型农村金融机构 2009—2011 年总体工作安排》有关事项的通知. 银监发〔2009〕72 号文件.

[20]李长久. 加拿大农业发展对中国的启示[EB/OL]. 华东农业网,2009-09-04.

[21]韩洁. 2007 年全国农业综合开发总投入将达 364 亿元[EB/OL]. 新华网,2007-10-01.

[22]国务院. 关于推进社会主义新农村建设的若干意见. 2006 年中央1 号文件.

[23]约翰·伊韦特尔,等. 新帕尔格雷夫经济学大词典[M]. 北京:经济科学出版社,1992.

[24]Farrell M. J.. The measurement of Productive Efficiency. Journal of the Royal Statistical Society,1957, Vol. 120.

[25]Harvey Leibenstein. Allocative Efficiency vs. X-Efficiency. The American Economic Review, 1966, Vol. 56.

[26]Charnes A., Cooper W. W., Rhodes E.. Measuring the Efficiency of Decision Making Units[J]. European Journal of Operational Research, 1978.